طريف الخالدي: أنا والكتب

طريف الخالدي

# أنا والكتب

منشورات الجمل

طريف الخالدي: أنا والكتب
الطبعة الأولى ٢٠١٨
كافة حقوق النشر والترجمة والاقتباس
محفوظة لمنشورات الجمل، بغداد ـ بيروت ٢٠١٨
تلفون وفاكس: ٣٥٣٣٠٤ ـ ٠١ ـ ٠٠٩٦١
ص.ب: ٥٤٣٨ ـ ١١٣ بيروت ـ لبنان

© Al-Kamel Verlag 2018
Postfach 1127 - 71687 Freiberg a. N. Germany
www.al-kamel.de
E-Mail: alkamel.verlag@gmail.com

## إلى القراء

لا بد من بعض التمهيد لهذا الكتاب الصغير الذي يمكن أن نسميه رحلةً مع الكتب، رحلة كتبها أستاذ متقاعد، يستعرض فيها ما مرّ به من الكتب وأصحابها، منذ الطفولة وحتى الشيخوخة. بدأت هذه الرحلة في بيت تغطي حيطانه رفوف الكتب ويرعاه والد ووالدة لا أذكر عنهما شيئا في طفولتي بقدر ما أذكرهما منهمكين بالقراءة والكتابة؛ بل لربما كانا أشد اهتماماً بالكتب والكتابة وتصحيح ما يكتبه أحدهما من محاضرة أو مقال أو كتاب أكثر من اهتمامهما بطفل يركض بين الأشجار والحدائق حول المنزل، ذاك المنزل القابع فوق جبل المكبّر والمشرف على بيت المقدس من حيث أشرف عليها الخليفة عمر ثم كبّر. لذا فإن الكتب كانت منذ نعومة الطفولة تحيط بي من كل جانب وكان العثور على كتاب للقراءة أسهل من الحصول على قبلة أبوية. وواكب تلك الطفولة ما يشبه الحث المستمر من جانب الأهل على طلب العلم الذي نجده عند العديد من أبناء فلسطين منذ ما قبل وما بعد ضياع الوطن.

لا تمرّ هذه السيرة بالطبع على كافة ما مرّ بصاحبها من كتب ولا

حتى بكافة الكتب التي حفرت أحافير في الوعي أو الفكر أو المشاعر، بل جُلّها يتصل بكتب كان لها علاقة بمسيرة أكاديمية تميزت بالاهتمام بتاريخ الحضارة العربية مع الالتفات المستمر إلى ما اتصل بها من حضارات أخرى. لذا سوف يجد القراء في هذا الكتيّب فجوات عديدة لا أجد لها اليوم عذراً سوى ضيق المقام أو الجهل. إن أقصى ما أتمناه هو أن يشكل هذا الكتيب حافزاً لغيري من أصدقاء الكتب أن يدونوا ما خبروه مع الكتب فيصبح لدينا مع مرور الزمن ما يشبه السجل من التفاعل المستمر مع التراث الماضي والحاضر.

ويبقى الشكر لمن نفخ الحياة في هذا الكتيب. فمن أوائل قرائه ومشجعيه أولادي علية ومحمد علي، ثم الصديقة العزيزة ميسون سكّرية والصديق العزيز خالد فراج. ومن ثم أتى زميلي وصديقي فواز طرابلسي فتكرم بنشره على حلقات في مجلته الثقافية المرموقة «بدايات»، ونشر حلقة منه أيضاً الصديق إبراهيم الأمين في جريدة «الأخبار». وتلطف العزيز سليم تماري فنشر مقتطفات منه في مجلة جيروساليم كوارترلي باللغة الإنكليزية. هؤلاء الأعزاء جميعهم هم أمهات وآباء هذا الكتاب بالروح، وأنا لا أعفيهم أبداً من بعض المسؤولية عن محتوياته، فالمحرض على الجرم كمرتكبه. وفي الفصل الأخير من هذه الحكاية تفضل الصديق العزيز خالد المعالي وعرض نشره كاملاً في «منشورات الجمل» فوافقت على الفور مسروراً وشاكراً.

في الختام لا بد من ذكر ماجدة رغم أنها ترفض أي ذكر لها في هذا الكتاب. لكن الاعتراف بفضلها، شاءت هي أم أبت، أمر محتم، فلولا لم تقفل الباب عليّ وتفرض كتابته فرضاً لما أبصر النور.

طريف الخالدي
أعالي كسروان
الثاني من أيلول، ٢٠١٧

# مقدمة

صرفت من العمر مع الكتب زمناً أطول بكثير من ذاك الذي صرفته مع الناس. والسبب لربما أنني وجدت في الكتاب نوعاً من السلوى لم أجدها عند معظم الناس فقل بذلك عدد الأصدقاء وازداد عدد الكتب التي صادقتها. وتقدم بي العمر فترسخت عزلتي وأضحى عالمي الحقيقي هو عالم القراءة والكتابة. ويصف فخر الدين الرازي أخلاق سن الشيخوخة فيقول إن منها الشك في أكثر ما يقال، والامتناع عن الأحكام الجازمة، والجبن والخوف والعلم بعواقب الأمور وشهوة الأكل والوقاحة والغضب وحب السلامة. لست أدري كم من تلك الأخلاق أتحلى بها اليوم لكني أجد في بعضها وصفاً نفسياً بالغ الدقة لأخلاق الشيخوخة. ولا ريب عندي أن الشك والامتناع عن الأحكام الجازمة والعلم بعواقب الأمور كلها أمور تأتي في غالب الأحيان من التجارب التي يقع عليها المرء في الكتب. فلو لم تكن للكتب فائدة سوى هاذين الأمرين لكانت الفائدة عميمة النفع. أما ما تبقى من فوائد للكتب فليس ثمة ما

أحيل إليه القارىء أفضل وأجزل وأعمق فكراً من الجزء الأول من كتاب الحيوان للجاحظ.

ولا مناص من الاعتراف أن الوحي المباشر لهذه الذكريات جاء من كتب عدة آخرها كتاب صدر عام ٢٠١٤ للناقد والأكاديمي البريطاني جون كاري بعنوان «البروفسور غير المتوقَّع: سيرة في أكسفورد» والذي يسرد فيه مؤلفه حياته الأدبية ويأتي فيه على الكتب التي تركت تأثيرها في خياله وعقله. فراقت لي فكرة هذه الكتاب الذي أهدته لي ابنتي، وهي أيضاً أستاذة جامعية، وشجّعتني على السير على خطاه. ووجدتُ أن الإنسان الذي يمضي جل حياته في البحث والتعليم والكتابة الأكاديمية يكون في الغالب على هامش الحياة العامة والأحداث الجسام. فإذا كان ثمة من فائدة تُرجى من تجارب حياةٍ منعزلة كهذه فهي تكمن في استعراض ما مرّ بذاك الإنسان من الكتب والنظريات التي شغلته عبر السنين. أما ذكرياته الأخرى فهي قد لا تهم سوى الأولاد والأحفاد وبعض الأصدقاء المقربين، هذا إذا اهتموا بها أصلاً.

## المكان: القدس. الزمان: حوالي العام ١٩٤٣

كنت على ما أظن في الخامسة حين بدأت بتعلم القراءة. وكان كتابي الأول بدعةً بين كتب القراءة في ذلك الزمن إذ كان يستند إلى نظرية جديدة في تعليم القراءة تقضي بأن يبدأ الطفل بتعلم كلمات كاملة وليس بحروف الهجاء. لا أدري مصدر هذه النظرية وهل كانت مستوردة من الغرب أم لا، لكن والدتي قالت لي فيما بعد أن العلامة الفلسطيني الكبير خليل السكاكيني بالاشتراك مع والدي هو الذي طور هذه النظرية لتلائم الطفل العربي. والسكاكيني من أبرز كتاب فلسطين ومذكراته بعنوان «كذا أنا يا دنيا» هي من أهم وامتع المذكرات في العالم العربي في القرن العشرين. وهو يستعيد تاريخ فلسطين في النصف الأول من ذاك القرن على شكل يوميات يختلط فيها الجد بالهزل وتبقي لنا صورة تنضح بالحياة عن المجتمع الفلسطيني رجاله ونسائه وشخصياته المختلفه ومثقفيه.

أعود إلى الكتاب. فقد انتشر هذا الكتاب في مدارس فلسطين. وهكذا كانت أولى الكلمات التي تعلمتها هي «راس، روس» و«دار، دور» ثم انتقلنا بعد قليل إلى كلمات من أربعة أحرف أذكر

منها «وادي» و«ساري». وفي زمن قصير صارت القراءة متعة كبرى خصوصاً حين وصلنا إلى أول نكتة في الكتاب: «آه ما أطيب كرابيج حلب!» «وهل أكلت منها؟» «لا ولكن معلمي أكل منها وقال إنها طيبة». ها ها ها! ثم ازدادت المتعة عندما أصبحت قادراً على قراءة عناوين الصحف التي كانت تصلنا إلى المنزل وهما صحيفتا «فلسطين» و«الدفاع». وكانت تلك العناوين تنقل أخبار الحرب العالمية الثانية التي لم أعرها كبير اهتمام، بل الأخبار التي استحوذت على خيالي آنذاك كانت مغامرات الشقي الصقلي سلفاتوري جوليانو عبر جبال جزيرة صقلية ووديانها وإفلاته العجائبي المستمر من البوليس الإيطالي. ويبدو أن هذا الافتتان الطفولي بالأشقياء استمر زمناً طويلاً إذ عمدتُ قبل بضع سنين إلى كتابة بحث مشترك عن الشقي البقاعي الشهير ملحم قاسم (ولا بد من الاعتراف أن زميلتي الدكتورة ميسون سكرية هي التي كتبت الجزء الأكبر من ذاك البحث).

وكانت أولى الكتب التي قرأتها هي قصص الكاتب المصري كامل الكيلاني الذي كان رائداً من رواد كتابة قصص الأطفال في عالمنا العربي، وكان أيضاً صديقاً لوالدي. رافقتني كتب الكيلاني لسنوات عدة. كان الكيلاني يختار من باقة عريضة من القصص العالمية ويسكبها بأسلوب مبسط لكنه فصيح العبارة. وما زلت أذكر من بينها قصة العندليب والوردة التي أحزنتني جداً إذ تنطح العندليب فغرز قلبه حتى الموت في شوكة ليصبغ حبيبته الوردة

باللون القاني الذي كانت تشتهيه. وعلمت فيما بعد أنها من قصص أوسكار وايلد.

مدرستي الأولى كانت مدرسة الأمة ورئيسها المربي الفلسطيني الكبير شكري حرامي الذي كانت نظرة واحدة منه تكفي لإسكات أعلى الصفوف ضجيجاً. كان يعلِّمنا التاريخ ولربما كنت حينها أسعى جاهداً لنيل رضاه فاصبح التاريخ ومنذ ذلك الزمن السحيق مادتي المفضلة. وواكب ذلك الشغف بالتاريخ انتقالي من كامل الكيلاني إلى جرجي زيدان الذي التهمت رواياته التهاماً، من العباسة أخت الرشيد إلى الأمين والمآمون إلى فتح الأندلس إلى المملوك الشارد إلى صلاح الدين ومكائد الحشاشين إلى غيرها وغيرها من الروايات التي لم أعد أتذكرها اليوم. لا ريب أن جيلاً كاملاً من الشباب العربي تربى على تلك الروايات الفاتنة التى انعشت التاريخ العربي وجعلت منه قصصاً حية تزخر بشخصيات يكاد المرء أن يراها ويلمسها ويخاطبها ويفرح لأفراحها ويبكي لفقدانها. وكانت رواياته سريعة الحركة، مُحكمة الزمان والمكان، تتعاقب فيها المشاهد بشكل سينمائي آسر يخطف أنفاس القارىء ولا يسمح له بتركها جانباً حتى في أوقات الطعام أو النوم. لست أدري إذا كانت ثمة دراسة أدبية معمقة لهذه الروايات لكن مثل هذه الدراسة ضرورية في نظري لفهم هذا السحر العجيب الذى صاغ به زيدان قصصه. لن أناقش هنا تاريخية تلك القصص، ولا مصدر إلهامها الذي قد يكون الروايات التاريخية الغربية لأمثال السر ولتر

سكوت، لكن لا ريب أن براعة زيدان تتفوق على براعة سكوت في استحضار الماضي فقد قرأت فيما بعد روايات ولتر سكوت ووجدتها طويلة جداً ومملة ويلزمها تركيز شديد وصبر مديد لمتابعة أحداثها.

## الهجرة

كنت في العاشرة من عمري حين هُجّرنا من منزلنا في القدس ولجأنا كما لجأ مئات الآلاف من شعبنا الفلسطيني إلى المهاجر هرباً من الإرهاب الصهيوني. لم أعِ الأمر في البدء لكن هذه المأساة تجلت تدريجياً في نوع من أنواع الهرم الذي أصاب العائلة بأسرها، كل على طريقته. أصبح العلم والتعلم أمراً غاية في الأهمية فتقلصت مساحة الطفولة وحريتها. هرم والدي بسرعة وتوفي بعد ضياع فلسطين بقليل، وازداد الإحساس بأن العلم أمر عظيم الشأن وبأنه أولوية الأولويات. لم أستوعب هذا الأمر في البدء بل لربما تدهور مستوى ما كنت أقرأ، فانتقلت من جرجي زيدان إلى قصص أرسين لوبين المترجمة إلى العربية التي كانت رائجة في بيروت في تلك الآونة. أرسين لوبين (كنا نلفظ الاسم على وزن «ستين سبعين»): ذاك اللص الجنتلمان الذي يبرع في الاختفاء وتفادي الشرطة وكأنه نسخة مدينية من الشقي سلفاتوري جوليانو أو من روبن هود، ثم يفضح من هم أكثر منه إجراماً بل ويمد يد المساعدة أحياناً للضعفاء والمساكين. ولربما كان على كل حال

أنموذجاً نجده في أدبيات لغات متعدده على شكل اللص الظريف المحتال الذي يجد فيه الأطفال فسحة لمخيلتهم وسعيهم للالتفاف والتحايل على عالم الكبار.

هذا التدهور في مستوى القراءة تجلى كذلك في شغفي المتعاظم بمجلات «الكوميكس» الأميركية ومنها مغامرات «توم ميكس» و«جين اوتري» وهما من فصيلة الكاوبوي. ثم انصب هذا الشغف خصوصاً على مغامرات الطفلة «ليتل لولو» وشّلتها أي صديقها البدين «تبي» وعدوهما «إيغي» وباقي الشخصيات. لم تكن هذه المجلات مترجمة بعد فاضطررت إلى قراءتها بالإنكليزية التي لم تكن صعبة على كل حال. كانت «ليتل لولو» تستحضر عالماً صغيراً هو عالم ضواحي المدن الأميركية الجميلة يسرح فيها هؤلاء الأطفال بحرية تامة ومغامرات شيقة لا تنتهي. وانتقلت من بعدها إلى مجلة تدعى «كوميكس كلاسيكس» التي كانت تحوّل القصص الغربية الكلاسيكية إلى شرائط مصورة كأنها صندوق الفرجة. ازعج الأمر بعض أفراد العائلة الذين رأوا فيها مسخاً للروايات الكلاسيكية لكن العجيب أن هذه الكوميكس هي التي شجعتني فيما بعد على الرجوع إلى الروايات الأصلية. كما وصلتنا في تلك الآونة أيضاً المجلات المصرية المصورة ومنها «المصور» و«آخر ساعة» و«الاثنين» التي اشترك الأهل فيها، فأقبلت عليها بنهم وكنت أنتظرها كالولهان من أسبوع إلى آخر.

وسرعان ما تدخل الأهل: ما هذا أرسين لوبين؟ وما هذه

الكوميكس؟ وماذا سيحل به إذا استمر على هذا المنوال المتدهور؟ تدخل عندئذ أخي أسامة رحمه الله الذي قرر أن الدواء الناجع لإنقاذي من الانحطاط يكمن في التحول إلى الشعر العربي القديم والذي كان يحفظ منه الآلاف من الأبيات. بدأ بتعليمي شيئاً من العروض وما زلت أذكر أن أول البحور التي رسخت في ذهني بسبب موسيقيّته هو البحر الوافر: مفاعلتن مفاعلتن فعول. ووجدت فيه نغماً جميلاً سهلاً على الحفظ فنظمت فيه بضعة أبيات أتغزل فيها بوالدتي إذ كنت في ذلك الحين في صميم مرحلة أوديب الفرويدية. هذا النظم الخنفشاري شجع أخي أن يحملني على حفظ الشعر فكان أول ما حفظته (وكان يدفع لي ربع ليرة عن كل بيت أحفظه) هو قصيدة المتنبي في رثاء أخت سيف الدولة:

طوى الجزيرة حتى جاءني
نبأ فزعت فيه بآمالي إلى الكذب

ثم انتقلنا إلى أبي تمام وفتح عمورية ثم إلى أبي فراس والحمامة النائحة ثم إلى الحطيئة و«طاوي ثلاثٍ»، ثم إلى ما لا أذكر من قصائد غرزت فيَّ حباً للشعر لم تزده الأيام إلا رسوخاً. وحين أصبح التاريخ مهنتي ومصدر رزقي اكتشفت في الشعر ليس فقط جماليته بل أهميته الفائقه في استرجاع صور وذهنية الزمن الماضي، الأمر الذي لم نعره بعد ما يستحق من اهتمام. فالشعر للمؤرخ هو المدخل إلى ذهنيات عصر ما، فإذا أردنا استعادة صورةَ ماضٍ ما لا بد لنا من دراسة شعره (وفنه كذلك). ونجحنا قبل بضع

سنين في عقد مؤتمر دولي في الجامعة الأميركية حول الشعر والتاريخ صدر فيما بعد في كتاب بالإنكليزية تحت عنوان «الشعر والتاريخ: أهمية الشعر في إعادة بناء التاريخ العربي». غريبٌ حقاً أمر هذه البذور التي تُغرس في الطفولة فنجدها قد أينعت في زمن الكهولة.

## في إنكلترا

في العام ١٩٥١ قرر الأهل إرسالي إلى مدرسة داخلية في إنكلترا ولعل قرارهم هذا جاء من شعورهم بأن عملية إنقاذي لم تكن قد اكتملت والله أعلم. وكنت متحمساً للالتحاق بمدرسة كهذه لأنني كنت قد قرأت، ولربما في «كلاسيكس كوميكس»، قصة «توم براون وأيامه المدرسية» التي صدرت في عهد الملكة فكتوريا عام ١٨٥٧ وأضحت نموذجاً فيما بعد لقصص المدارس الداخلية في إنكلترا. ولا حاجة للقول أن أيامي في تلك المدرسة لم تكن تشبه أيام العزيز توم براون إلا في وحشيتها ونظامها الهرمي العسكري المخيف، أما مغامراته الشيقة فلم أحظ منها بأي نصيب خلال السنوات الأربع التي أمضيتها في ذاك المعتقل. لن أستجدي دموع القارىء في وصف ما عانيت لكن لا بد من الاعتراف بأمرين، أولهما تعلم اللاتينية واليونانية وثانيهما الطاقة لاحقاً على تحمل كافة صعاب الحياة (تقريباً!) بالمقارنة مع صعاب تلك الأيام.

١٩

كان تعلم اللاتينية واليونانية أهم ما استفدته من مدرستي وكانت هاتان اللغتان في تلك الأيام ما زالتا تحظيا في إنكلترا بقدر كبير من الاحترام والتقدير العلمي. وكان التخصص بها على مستوى الشهادة الثانوية (A Level) وبالتاريخ اليوناني والروماني يعني الولوج إلى نخبة الطلبة. كان تعلم هاتين اللغتين يعني الانفتاح على حضارتين كان لهما تأثير عميق وواسع على الحضارة الأوروبية من جهة والحضارة العربية الإسلامية من جهة أخرى. ولم يكن تعلم اللاتينية أمر صعباً خصوصاً لأن إلمامي بالصرف والنحو ساعدني على فهم أصول الصرف والنحو اللاتيني فالمرفوع والمنصوب والمجرور نجده في اللاتينية كما علم العروض اللاتيني يشبه في الكثير من نواحيه ما يقابله في العربية. وبقيت اللاتينية إلى حد ما في الذهن حتى اليوم أما اليونانية فوجدتها أصعب وأكثر تعقيداً وسرعان ما طمس الزمن معالمها، رغم أننا كنا نقرأ في الصف مسرحيات ايسكلس ويوريبديس وسوفقليس كما وتواريخ ثيوسدديس وزنوفون وبعض محاورات أفلاطون والبعض من كتاب الأخلاق لأرسطو والبعض من الياذة هوميروس. وكان التركيز في الصف على ترجمة النصوص بدقة وليس على التحليل الأدبي. ومن بين المسرحيات التي طبعت نفسها في مخيلتي مسرحية انتيغوني لسوفقليس التي وجدت فيها بطولة روحية خارقة جسدتها فتاة في مقتبل العمر تحدّت بشجاعة ليس فقط الدور الذي فرضها عليها المجتمع كفتاة

بل أيضاً ظلم حاكم متسلط يتظاهر بالتمسك بفرائض الدين. أما الأدب اللاتيني فكان أولاً يتمثل في كتاب يوليوس قيصر حول الحروب ضد بلاد الغال ثم تدرجنا إلى تاسيتوس مؤرخ روما في عصره الذي وجدته أصعب بكثير في لغته لكنه إمام المؤرخين الساخرين. وما زلت أردد إلى اليوم جملته الشهيرة بعد أن دمر الرومان مدن بريطانيا: «يجعلون منها قاعاً صفصفاً ويسمونها سلاماً»، فكأنه يصف ما فعلته وتفعله إسرائيل في فلسطين. ولعل أكثر ما رسخ في الذهن هو إنيادة فرجيل التي أعجبتني فخامة ألفاظها لا دعايتها الإمبراطورية، والتي كنت أرى فيها إعجاباً مبطناً من جانب الإنكليز وكأن فرجيل في نظرهم يبشر بفضائل الإمبراطوريات على البشرية. أما الصراع بين أثينا وأسبرطه فكان يوحى إلينا من جانب أساتذتنا أنه يماثل الصراع بين إنكلترا الأثينية الليبرالية الديمقراطية وألمانيا الاسبرطية المحافظة الأوتوقراطية.

خلال تلك الأعوام الأربعة وما تبعها من سنوات ثلاث في جامعة أكسفورد كانت الوالدة رحمها الله ترسل إليّ وإلى أختي رندة رسائل أسبوعية بالعربية بأسلوبها البديع والبسيط الذي كانت تشتهر به، وكانت تنتظر الرد الذي كثيراً ما تأخر وكثيراً ما كان مزيجاً مضحكاً من الفصحى والعامية. وهكذا تلاشت العربية عن الشاشة، كما يقال في يومنا هذا، وأضحت الإنكليزية هي جل ما أقرأ ولربما بعض الفرنسية من حين لآخر. وكانت مادة تخصصي

في الجامعة هي التاريخ. وكان منهاج التاريخ في الجامعة يومئذٍ ينصب في الغالب على تاريخ إنكلترا في القرون الوسطى وكأن ما كان يحدث في أوروبا أو بيزنطة أو في العالم العربي والإسلامي في تلك العصور لا علاقة له بإنكلترا على الإطلاق. وكان الأستاذ الوحيد بين أساتذة التاريخ الوسيط في أكسفورد الذي يأتي في محاضراته العامة على ذكر ما وراء إنكلترا من حضارات وأمم هو المؤرخ الشهير السر ريتشارد سثرن الذي كتب فيما بعد كتاباً صغيراً بعنوان «نظرات غربية حول الإسلام في العصور الوسطى» حلل فيه الفترات التاريخية لتلك النظرات. وكتابه هذا لا يزال في رأيي المنطلق لأية دراسة حول هذا الموضوع، رغم صدور العديد من الكتب التي تعالج نفس الموضوع فيما بعد. وبعد انقضاء سنوات عديدة قُيض لي أن أجتمع به على فنجان شاي فأخبرته عن تجاربي الخائبة أيام التلمذة وأخبرني أن المنهاج قد تحسن منذ أيامي تلك. وكنت في تلك الآونة أخطط لكتابي حول كتابة التاريخ عند العرب فاستشرته لأن كتابة التاريخ الأوروبي كانت إحدى اهتماماته الرئيسية وأردته أن يشير علي ببعض ما صدر في ذاك المضمار لأغراض المقارنة ففعل. وكان طويلاً نحيلاً ودودا يشبه القديسين الذين كان يكتب سيرهم كالقديس انسلم وغيره.

لم يبق في الذهن الكثير مما قرأته في الجامعة من كتب تعود إلى عصور إنكلترا الوسطى سوى لربما كتاب «المبجّل بيد» (توفي

في ٧٣٥) بعنوان «التاريخ الكنسي للشعب الإنكليزي» وقصصه الشيقه عن القديسين والقديسات وحياة الرهبان في أديرتهم، خصوصاً قصة الراهب كدمون ونزول الوحي عليه بطريقة تذكر بنزول الوحي على الرسول العربي. ولفتني أيضاً ذكره لمعركة بلاط الشهداء والتي تُعرف في أوروبا بمعركة بواتييه أو تور حيث مُني الفاتحون العرب بهزيمة على يد شارل مارتل وهي أول إشارة لتلك الواقعة في المصادر الأوروبية. وكثيراً ما يشار إليها أنها من معارك التاريخ الفاصلة والتي أوقفت الزحف العربي نحو أوروبا ومنعت العرب من احتلالها، لكن العرب ظلوا يرسلون الحملات العسكرية نحو أوروبا على امتداد قرنين من الزمن على الأقل بعد تلك المعركة. أما ما عدا كتاب «المبجل بيد» فلا أذكر أية مصادر أخرى لتاريخ إنكلترا الوسيط. تحسنت الأمور بعض الشيء في السنتين اللاحقتين فاخترت مادة الثورة الفرنسية ثم مادة الحرب الاهلية الأميركية. قرأت الكثير حول الثورة الفرنسية وأذكر منها الآن كتاب جورج روديه بعنوان «الجمهور في الثورة الفرنسية» الذي أحدث ضجة في أوساط المؤرخين في تلك الأيام لاستخدامه لسجلات البوليس في باريس في دراسة الجذور الاجتماعية للجماهير. وما زلت اذكر دهشتي حين قرأت تحليل المؤلف لاقتحام الباستيل وأن الجماهير التي اقتحمته كانت تبحث عن الخبز وليس عن الحرية. أما الحرب الأهلية في أميركا فكان أستاذ المادة أستاذاً أميركياً زائراً

اسمه دافيد دونالد اشتهر فيما بعد بكتابه عن الرئيس الأميركي لنكولن. كان دونالد أستاذاً جافاً يؤمن إيماناً مطلقاً بالوثائق من بيانات ومعاهدات وقوانين ومناظرات في الكونغرس وما شابه. وكنا نجتمع معه كل أسبوع في حلقة دراسية لنقرأ عليه أبحاثنا وأذكر أنني كتبت بحثاً عن الولايات الجنوبية الأميركية قبيل الحرب الأهلية وحاولت أن أبرهن أن تلك الولايات صاغت لنفسها قومية ضيقة مستقلة في زمن كانت فيه القوميات تكتسح أوروبا وكانت هذه القومية من أسباب نشوب الحرب الأهلية الأميركية. لم يرق الأمر له فالتاريخ بالنسبة إليه من صنع النُخب في المكان الأول. وهذا ما يفسر شهرته ككاتب سِير فيما بعد.

أصبح من الواضح لديّ أن اهتماماتي لم تعد تنصب على التاريخ بحد ذاته بل على كتابة التاريخ وفلسفته والتي وجدت فيها مادةً غزيرة للتحليل والخيال والبحث. وضعتُ التاريخ جانباً وأقبلت على دراسة كتابته ومنطلقاته الفكرية ولم تكن تلك المواضيع ترق لمؤرخي الإنكليز في تلك الأيام فقد كانت النظريات التاريخية تأتي إليهم في الغالب من أوروبا ومن فرنسا وإيطاليا بالتحديد. لا أدري من الذي نصحني بأن أقرأ كتاب بينيدتو كروتشة «التاريخ كقصة الحرية» إذ كاد هذا الكتاب بسبب صعوبته أن يقضي نهائياً على اهتماماتي الجديدة. لكنني ثابرت على قراءته بعناد الشباب الذي لم أعد أتحلى به اليوم، ففهمت ما نسبته حوالي عشرة بالمئة من

نظرياته، وما رسخ في الذهن هو شعاره الشهير أن كل تاريخ هو تاريخ معاصر وأن وعي المؤرخ هو الذي يصنع التاريخ. كان كروتشه عدواً للنظريات الكبرى في التاريخ ومن أهمها بالطبع النظرية الماركسية وعدواً لكل محاولة لصوغ قوانين للتاريخ أو جعله علماً يشابه العلوم الطبيعية. وانتقلت فيما بعد إلى كتاب المؤرخ الهولندي بيتر خيل وكتابه «نابليون: مع وضد» وهو دراسة لمؤرخي الإمبراطور الفرنسي وصل خيل فيها إلى نتيجة مفادها أن التاريخ جدال لا نهاية له وأن أجيال المؤرخين المتعاقبة تجد فيه ما يلاءم أهواءها، وأن الوصول إلى ما قد نسميه الحقيقة في التاريخ أمر يلامس الاستحالة. وكما كتاب خيل كذلك استهواني في تلك الفترة كتاب المؤرخ البلجيكي هنري بيرين بعنوان «محمد وشارلمان» الذي طرح فيه نظرية قوامها أن الفتوحات العربية الإسلامية هي التي أغلقت أبواب أوروبا التجارية مما أدى إلى نشوء النظم الإقطاعية فيه الممثلة في مملكة شارلمان، أي أن «محمد» أدى إلى «شارلمان». ووجدت في هذه الكتب نظريات قد نصفها بالجمال لما فيها من تأويلات بسيطة تلخص التاريخ تماماً كما لخص اينشتاين قوانين الفيزياء بمعادلة بسيطة جميلة.

والخلاصة أن هذه الكتب وغيرها مع مشاربها المختلفة هي التي استحوذت على فكري بالكامل فلما جاء زمن الامتحانات النهائية حصلت على علامة ممتازة في موضوع كتابة التاريخ وعلى علامات

متوسطة في المواد التاريخية البحته. وكانت النتيجة درجة الشرف الثالثة أي ما يعادل درجة C. وخاب ظن العائلة في «نبوغي» كما كان قد خاب من قبل، ولم أشعر أنني استرجعت البعض من صدقيتي في أكسفورد سوى بعد تخرجي بخمس وعشرين سنة وذلك حين دعيت إلى إلقاء محاضرة جورج أنطونيوس السنوية في مركز دراسات الشرق الأوسط في أكسفورد، وكان موضوعها «فلسطين في العصور العربية الوسطى» فنالت إعجاب الراحل الكبير البرت حوراني وغيره من المؤرخين فاكتفيت بهذا الإعجاب من جانب «الأكسفورديين» وشعرت أنني قد «انتقمت» أخيراً من جامعتي!

# في الجامعة الأميركية في بيروت

وطفقت بعد التخرج أبحث عن وظيفة. وكانت الجامعة الأميركية في بيروت هي الوجهة الطبيعية إذ كانت جامعة والدي واعمامي جميعهم وكان لي فيها أخان وأخت بين أعضاء التدريس. وساعدني أحد الأقرباء فاستقبلني عميد كلية الآداب والعلوم المرحوم الدكتور فريد حنانيا وقرّ الرأي أن ألتحق بدائرة الثقافة العامة كما كانت تسمى في ذلك الزمن: General Education ولا بد من بعض الكلمات عن هذه الدائرة لما كان لها من عميق الأثر على علاقتي بالكتب وتوجهي فيما بعد باتجاه تاريخ الفكر. أتت فكرة هذه الدائرة من أمريكا ومن جامعة كولومبيا بالذات، وكانت مبنية على مبدأ تربوي قوامه أن الطالب أو الطالبة، مهما كان موضوع اختصاصهم، لا ينبغي أن يغادروا الجامعة دون أن يكونوا قد اطلعوا على بعض أمهات الكتب في الحضارة الغربية، قديمها وحديثها. وانتقلت الفكرة هذه إلى بيروت وتم إنشاء هذه الدائرة قبل إلتحاقي بها، عام ١٩٦٠، بحوالي خمس سنوات. وكانت النصوص المقررة تنقسم إلى أربعة أقسام تاريخية: قديم ومتوسط

وحديث ومعاصر وتمتد على مدى سنتين من الدراسة. وكانت تلك النصوص عبارة عن مقتطفات يقرأها الطلاب كل أسبوع. وكان الأسبوع يبدأ بمحاضرة عامة لجميع الطلاب حول النص المقرر يتبعه بعد الظهر اجتماع للأساتذة للنقاش حول المحاضرة والنص. ولم تكن معظم النصوص القديمة والمتوسطه غريبة عني على عكس معظم النصوص الحديثه والمعاصرة. لكنني وجدت أن كافة هذه النصوص تستوجب الكثير الكثير من الإعداد والتحضير كي تُقدّم إلى الطلاب في سياقها الفكري والتاريخي. ما هي أهمية هذا النص؟ وكيف نقرأه؟ وما قيمته لزماننا هذا؟ وماذا وكيف ولماذا وإلى آخره من مشاكل تأويل النصوص التي لا تنتهي. وما زلت إلى اليوم أقع في مكتبتي على بعض الكتب التي كنت ألجأ إليها في ذلك الزمن للتنوير والاستلهام. ومن بين أوائل الكتب التي أنجدتني هي كتاب الفيلسوف البريطاني برتراند رسل بعنوان «تاريخ الفلسفة الغربية» فكان في البدء نعم المنجد إذ كان شمولياً في تغطيته التاريخية، أي من أفلاطون وصولاً إلى معاصريه مثل برغسون وغيره. نشر رسل كتابه في أمريكا في الأربعينات ويعترف في مذكراته لاحقاً أن القصد من كتابته كان الربح المادي ليس إلا. وهو كتاب يتوجه نحو القارىء العادي والطلبة المبتدئين بأسلوب شيق مبسط مليء بتعليقات وتهكمات رسل نفسه حين يوجز أو يختصر ما يمر به من فلسفات لا يستسيغها. لم يعدْ لهذا الكتاب كبير أهمية في يومنا الحاضر وذلك بسبب سطحيته وتاريخيته المتعثرة. لكنه

كان لي في البدء معيناً ونصيراً يلخص نظريات فلسفية كانت ستستغرق من وقتي الكثير لفهمها. ولا ريب أن تلخيصات رسل تلك قد شابها الكثير من التشويه، لكنني وجدت فيما بعد أن سوء الفهم في بعض الحالات قد يؤدي إلى إثراء المعرفة بما يوازي حسن الفهم.

وتبع رسل العديد من الكتب التي أنجدتني والتي قد أعود إلى البعض منها فيما بعد. ورسخت النصوص المقررة في الذهن وأصبحت بالنسبة لي جزءاً أساسياً من تكويني الثقافي فقد كان تعليم هذه النصوص سنة بعد سنة يرسخ فهمها ويعمقه. وبعد أن كان الاعتماد في السابق على ما قد ينجد الفهم ككتاب رسل وغيره أصبح لديّ من «الخبرة» في تعليمها ما يكفي لتأويل تلك النصوص تأويلات شخصية تستند إلى العديد من النظريات الأدبية المختلفة وتندمج في قالب مؤلف من مصادر نظرية متعددة. وهكذا، تكوّن لدي مخزون لا بأس به من الإلمام بتاريخ الفكر واستقر عندي التصميم أن تاريخ الفكر هو ما سأصرف إليه اهتمامي في المستقبل. والفضل في هذا كله يعود إلى دائرة الثقافة العامة وإلى اجتماعات الأساتذة الأسبوعية والنقاشات التي كانت تدور فيما بيننا حول النصوص وحول أفضل السبل لفهمها وإيصال هذا الفهم لتلاميذنا.

في البدء كان هوميروس! كانت الوالدة رحمها الله قد ترجمت الإلياذة والأوذيسة عن النص القصصي لهاتين الملحمتين الذي

صاغه الكاتب الإنكليزي الفرد تشرش وكنت قد قرأت هذه الكتب ثم قرأنا البعض منها بلغته الأصلية في المدرسة الإنكليزية فكانت القصة بخطوطها العريضة معروفة لدي عندما وصلت في آخر المطاف إلى تدريسها. وصورة البطل تختلف اختلافاً بيّنا بين الملحمتين يتجسد في الاختلاف بين اخيليوس واوديسيوس ثم في مغزى البطولة عند غيرهم من الشخصيات التي تزخر بها تلك الملحمتان. هل للبطولة معنى واحداً عند هوميروس؟ هذه اللحظات الإنسانية البحته في خضم المعارك بين الإغريق وأهل طرواده: ماذا تعني في سياق الملحمة ككل؟ خذ مثلاً الزيارة التي يقوم بها ملك طروادة بريام إلى اخيليوس يتوسل فيها إليه أن يرد له جثمان ابنه البطل هكتور الذي كان اخيليوس قد قتله وحلف أن يجعله طعماً لجوارح الطيور. هي ملحمة قد نراها ظاهرياً وكأنها تمجد الحرب والبطولة الحربية لكن هذا اللقاء بين الأب المفجوع والبطل المتوحش ينتهي إلى بكاء الاثنين معاً تفجعاً على عبثية الحروب وما تخلف من المآسي والأحزان. هذه اللحظات الهومرية وغيرها الكثير في الإلياذه تجعل من هوميروس شاعراً يلحظ ادق وأصدق المشاعر الإنسانية وأكثرها عمقاً، فتصبح الملحمة سجلاً لا للحروب فحسب بل لما يواكب هذه الحروب من انفعالات وعذابات النفس البشرية. أو خذ مثلاً اللحظة التي تقف فيها هيلين الفاتنة على أسوار طرواده مع الملك بريام، وهو والد عشيقها باريس الذي اختطفها من زوجها الإغريقي، هيلين التي من أجلها دارت هذه الحرب

الماحقة. تقف هيلين فتشير إلى أبطال الإغريق، وهم زملاء وحلفاء زوجها، وتعرّف الملك على أسمائهم واحداً واحداً. تندب هيلين حظها البائس فيواسيها الملك ويضع اللوم على الآلهة الذين يعبثون بمصائر البشر كالأطفال مع اللُعَب، فنجد أن البطولة الحقة هي البطولة البشرية التي يتهددها الموت وليست الخوارق التي تأتي بها تلك الآلهة الخرقاء السخيفة التي لا تموت. أما الأوذيسه فهي ملحمة من صنف آخر تماماً، ملحمة الحنين إلى الأوطان، ملحمة الخضوع إلى الاختبار والتجارب والآلام والدموع، من خلال رحلة نخالها قد لا تنتهي لكثرة ما فيها من العوائق والتعرجات والإغراءات. وما زلت أجد فيها إلى اليوم صورة ملحمية لمعاناة شعبي الفلسطيني وأملاً لا يخبو أبداً في العودة.

أفلاطون الإلهي وأرسطو... ماذا؟ الدنيوي؟ يا من «يدعي في العلم فلسفةً »! لم يسبق لي أن تفلسفت ولن أتفلسف الآن، بل جل ما استحضره في الذهن اليوم هو بعض النصوص من هذا الثنائي الجليل الذي لا ريب قد دخل في سماء الأبدية. فيما يختص بأفلاطون، لم أقتنع بحججه حول ضرورة وجود الكمال في عالم المُثُل من خلال انعدامه في هذه الدنيا بل إن تعدد هذه الكمالات من شأنها في رأيي أن تخلق ما هبّ ودبّ من كمالات متناقضه. كما لم أقتنع برفضه القاطع للنظام الديمقراطي، فالفاربي مثلاً يرى في هذا النظام بعض الميزات ويختلف مع أفلاطون حول هذا الموضوع. لكن لغة أفلاطون هي في القمة من البلاغة والحس

الأدبي فمحاوراته قد ينالها من سهام الفلاسفة ما ينالها لكنها تبقى على الدهر مثالاً أدبياً لا نظير له في البساطة والوضوح وعمق الرؤية. خذ مثلاً النص الذي في «جمهوريته» حول مساواة النساء بالرجال. هذا النص الذي كُتب قبل زماننا الحاضر بالفين وخمسمئة سنة لا يزال إلى اليوم يمتلك رونقاً أدبياً ومنطقياً وعاطفياً يضاهي النصوص المقدسة. فيا ليته يُدرّس في مدارسنا منذ الصفوف الابتدائية كي تترسخ هذه المساواة في ضمير الناشئة العربية. أما أرسطو وهو المعلم الأول فقد سعى الفارابي وغيره «للجمع بين رأيي الحكيمين» ولا أدري إذا كان سعيه هذا ناجحاً غير أن مروحة اهتمامات أرسطو أوسع من اهتمامات أفلاطون وخصوصاً في مجال الطبيعة. لا يمتلك أرسطو موهبة أفلاطون الأدبية فأسلوبه جاف ومختصر ولا يحضرني الآن أي نص من كتبه سوى بعض النتف من كتابه في الأخلاق. لكن علينا أن نعترف أن أرسطو هو في كل مكان، وأنه جزء أساسي من تراثنا الفلسفي والعلمي العربي. لم يسلم أرسطو من النقد فالجاحظ مثلاً يفنّد العديد من نظرياته حول الحيوان، ونحن اليوم نفتقد إلى روح النقد تلك، والتي تجلت عند أسلافنا فجعلت منهم أنداداً لأرسطو وأفلاطون. ولا يحضرني اليوم أي كتاب نقدي عميق كتبه مفكر عربي معاصر وخلق أسلوبا عالمياً جديداً في التفكير سوى كتاب الاستشراق للراحل إدوارد سعيد.

باستطاعتي طبعاً الرجوع إلى ارشيف الدائرة لأستذكر النصوص المقررة في ذاك الزمن السحيق لكنني لا أسعى هنا للتعليق عليها

كلها بل فقط تلك النصوص التي حفرت بعض الأخاديد في الوجدان والذاكرة. وهكذا يحضرني الآن بعد هوميرس والإلاهيان أفلاطون وأرسطو قصيدة لوكريشيوس الروماني (القرن الأول بعد الميلاد) الرائعة «حول طبيعة الأشياء» والتي تذهل القارىء العصري بعصريتها وبرفضها القاطع للفكر الديني الذي تنعته بالميثي، وبتركيزها على العقل. هاك ما جاء من أبيات في مقدمة الفصل الثاني من القصيدة أردت تردادها بلغتها الأصلية لما فيها من إيقاع موسيقي، وهي على وزن مفتعلن فعلن فعلن فعلاتن:

سوافِ مَري مَغنو توربَنتِبس ايكورا فَنتيس/ أي تِررا مغن التيريوس سبِكتارِ لابورِم/

نون كويا فِكساري كويمكوامسْتْ يوكوندا فولُبتاس/ سَد كويبس إبسه مَليس كارياس كويا كيرنري سواف است.

يا لها من بهجةٍ حين تعصف الرياح في مياه البحر المتلاطم/ أن نشهد من الشاطىء ما يعانيه الغير من متاعب/

لا للتشفي والالتذاذ بمشاهدة عذابات الآخرين / بل البهجة أن ندرك ما فاتنا نحن من تلك العذابات.

نجد هنا في لوكريشيوس صورة العاقل الذي يقف على شاطىء الأمان حراً طليقاً من كافة الأساطير التي «تعصف» بالإنسان. وتتبع تلك الدعوة إلى التعقل نظرية حول الكون ترى فيه مجرد ذرات من أصناف متفاوتة في النعومة والخشونة وهي تلتحم لتشكل الأجساد

والأرواح ثم تنحل، في دوران لا ينتهي. والموت ليس سوى الانحلال فلا داع يدعو للخوف من عقاب في جحيم ولا لأمل في جنة، بل العاقل هو الذي يتحرر من تلك الأوهام وينصرف إلى السعادة التي يعرّفها على أنها السعادة الفكرية العقلية المتحررة من التعصب الديني والماورائيات، والمنكبة على دراسة الكون دراسة «علمية» بحتة. فالتعصب الديني هو الذي يجلب على البشر معظم المآسي والشرور. أما هذا العالم الذي نعيش فيه فليس إلا عالم واحد من بين عوالم عديدة. وللشاعر أيضاً رأي كان له تأثيره العميق في الفكر السياسي الأوروبي أي ما جاء عنده حول نشوء المجتمعات الإنسانية وقيامها على أساس «عقد اجتماعي».

ترى ما الذي يجعل من هذه النصوص الكلاسيكية الموغلة في القدم، أعجمية كانت أم عربية، نصوصاً تستحوذ على الذهن في يومنا الحاضر؟ لعل الجواب الأسرع هنا أن نقول أن هذه النصوص تخاطبنا بشكل مستقبلي أي أنها تستوجب القراءة المتجددة والتأويل المستمر في كل عصر من العصور. يقول الأديب والشاعر الأمريكي الكبير عزرا باوند أن النصوص الكلاسيكية هي «كالأخبار (الصحفية) التي تبقى دوماً أخباراً». ولربما أعود لاحقاً إلى هذا «التفلسف» وإلى تعريفٍ أدق للنصوص التي نسميها اليوم كلاسيكية.

أعود إلى النصوص المقررة والتي ما زالت حاضرة في الذهن فأصل إلى ثيوسيديدس الإغريقي (ت. حوالي ٤٠٠ ق.م.) وتاريخ

الحروب البلبونيسية. يؤرخ هذا الكتاب لحروب عاصرها المؤلف ولعب فيها دوراً عسكرياً فاشلاً أدى به إلى النفي عن مدينته أثينا. وفي مقدمته «المستقبلية» يقول المؤرخ أن تاريخه يستند إلى أحداث شاهدها بنفسه أو استقى أخبارها من ثقاتٍ وأن تاريخه يختلف جذرياً عن باقي التواريخ التي ينعتها بالأساطير أو بالشاعرية، الأمر الذي يمنح تاريخه في رأيه فائدة كبرى وعِبر شتى لأهل السياسة فيصفه بأنه «ذخر للأبدية». لن أخوض هنا في الجدال القائم حول ما إذا كان ثوسيديدس هو فعلاً أول المؤرخين «الموضوعيين» أم أنه هو نفسه أدبي بل شاعري الهوى فأنا لست خبيراً في هذا الموضوع، لكن لا يمكن لأي قارىء أن يتجاهل النفحة «التراجيدية» في بعض أحداثه ومنها على سبيل المثال وصفه لخطاب بريكليس الزعيم الأثيني في ذكرى شهداء الحرب، أو وصفه الدقيق للطاعون الذي اجتاح أثينا، أو قصة المناظرة التي دارت بين الأثينيين وأهل جزيرة ميلوس إبان حصارهم لها، أو قصة الحملة العسكرية الأثينية ضد جزيرة صقلية، أو قصة صعود الديماغوجي كليون ليصبح حاكم أثينا الفعلي. فهذه الأحداث جميعها لربما لم تكن قد جرت تماماً كما وصفها، لكنها جميعها سُكبت في قالب تراجيدي واضح يميز بين القول والفعل، بين الحق والقوة، بين المبادىء والتطبيق، بين الغريزة والتعقل. وهكذا نجد أن خطاب بريكليس الذي يمجد فيه أخلاق الأثينيين يتبعه مباشرة وصف الطاعون حيث نجد تلك الأخلاق العالية قد انحلت

بالكامل. أما المناظرة مع أهل جزيرة ميلوس فيذكرني أكثر ما يذكرني بديبلوماسية السيد هنري كيسنجر في الشرق الأوسط والمبنية على ميزان القوى فحسب لا العدالة، والحملة العسكرية ضد صقلية هي أشبه ما تكون بالمغامرات العسكرية الأميركية في كافة أرجاء المعمورة منذ فييتنام وحتى يومنا هذا، وصعود الديماغوجي كليون إلى سدة الحكم يذكر بصعود طوني بلير ورونالد ريغان في بريطانيا وأمريكا. فأخبار ثيوسيديدس هي فعلاً من صنف «الأخبار التي تبقى دوماً أخبار».

أصِلُ إلى دانته الليغييري (ت. ١٣٢١م.) وإلى الكوميديا الإلهية. والكوميديا في زمن دانته لم تكن تعني القصة الضاحكة إذ لا مكان للضحك إطلاقاً عند دانته بل تعني القصة التي لها نهاية سعيدة. هذه القصيدة بأجزاءها الثلاثة هي رحلة، ولعلها حِجّة، في العالم الآخر، تبدأ بالجحيم وتصل إلى المطهر أو البرزخ لتنتهي في الفردوس. وهي ذات نطاق شاسع الطول والعمق والامتداد، في قالب هندسي معماري محكم البناء. هي رحلة أرادها الشاعر أن تمتلك درجات متعددة من الرمزية إذ إن عالمنا هذا ليس إلا صورة أو رمز للعالم الآخر. تبدأ الرحلة مع الشاعر الذي يجد نفسه تائهاً في غابةٍ، هي غابة الضلال والشك. ويذكرنا الأمر بكتاب «المنقذ» للإمام الغزالي، فلو شاء الإمام أن يكتب تجاربه في رحلته الروحية شعراً لوجدنا دانته متعاطفاً معه في الكثير من الأمور. كما أن العديد من الباحثين من أوروبيين وغيرهم قد ألمحوا إلى التقارب بين أبي

العلاء في رسالة الغفران وبين كوميديا دانته. وما زلت أذكر أن أحد زملائي في الدائرة يومئذ وهو الأستاذ ريتشارد لوماي أطلعني على بعض الجمل القصيرة في دانته والتي استعصت عبر العصور على فهم الخبراء، وأثبت أنها باللغة العربية. هذه العلائق بين دانته والحضارة العربية ما زالت كما يقول المثل الإنكليزي «تنتظر خروج المحلَّفين» لكي نصل إلى القطع بصحتها لكنها بلا شك جديرة بالملاحقة العلمية.

جحيم دانته هو حفرة على شكل مخروطي مقلوب رأساً على عقب داخل الأرض، نجمت عن طرد الرب لإبليس من الجنة. وهذه الحفرة هي في الوقت ذاته حفرة حقيقية ورمزية تنتشر على جوانبها الداخلية ما يشبه الخنادق اللولبية التي تأوي الأصناف المختلفة من الخاطئين، بدءاً من مرتكبي الصغائر(خطايا الجسد) في أعالي الحفرة ووصولاً إلى الكبائر (خطايا العقل) في قاعها. كل خطيئة من تلك الخطايا لها عذاب يناسب الخطيئة المعينة بحيث يتعرف كل خاطىء على حقيقةِ خطيئته (أو كما جاء في القرآن الكريم ﴿وهم في ما اشتهت أنفسهم خالدون﴾، ﴿ذوقوا ما كنتم تعملون﴾). فخطايا الجسد كالحب المحرم مثلاً تُعاقب بوضع المحبين في دوامة من الأعاصير، فكما أن الحب المحرم قد عصف بهم في الدنيا، كذلك تعصف بهم الرياح في الآخرة. وهكذا دواليك. وفي القاع نجد إبليس في بحيرة من الجليد يقضم باستمرار رأسي يهودا الأسخريوطي الذي خان المسيح (=الكنيسة)

وبروتوس الروماني الذي خان يوليوس قيصر ( = الإمبراطورية أو الدولة)، فالخيانة وهي أعظم الخطايا عند دانتة «تجلّد» الأحاسيس البشرية بالكامل. ورحلة الشاعر تأخذه من خندق إلى آخر أعمق منه برفقة الشاعر الروماني فرجيل الذي هو المرشد والدليل والذي يشرح لدانته بالتفصيل تركيب وبُنية الجحيم. يلتقي الشاعران بعدد لا يحصى من الناس من معاصرين وقدماء فمنهم من يعبّر عن نوع من التوبه ومنهم من لا يزال مصراً على خطيئته حتى بعد الموت، وهم في الوقت ذاته أحياء وأموات (أو كما جاء في القران الكريم ﴿ويأتيه الموت من كل مكان وما هو بميت﴾) ولا أمل لديهم في الخروج من الجحيم فهم فيها خالدون.

أما المطهر فهو جبل مخروطي الشكل في المقلب الآخر من الكرة الأرضية نجم عن حدوث حفرة الجحيم. وهذا الجبل له أيضاً خنادق لولبية خارجية يجتازها صعوداً كل من له أمل في الوصول إلى القمة ومن ثم إلى الفردوس. ويقول البعض أن هذا المطهر هو أقرب أجزاء الكوميديا إلى الواقع إذ نحن هنا بصحبة أناس ما زالوا يأملون بالوصول إلى الجنة من خلال التخلص التدريجي من الخطايا وتطهير النفس البشرية من شوائبها. وفي القمة نصل إلى الفردوس الأرضي حيث تنطلق النفس المطهّرة إلى الفردوس الأعلى. أما الفردوس الأعلى أي الجزء الثالث من الكوميديا فهو على شاكلة وردة (أو لربما مسرح روماني دائري الشكل) نجد فيه القديسين على طبقاتهم بالنسبة إلى قربهم من العرش. وهذا الجزء

الأخير لم ينل على مر الزمن من إعجاب القراء ما ناله الجحيم والمطهر فهو كالصورة الثابته التي لا حراك فيها، فيما الأولان في حراك وغليان مستمرين.

هذه إذاً «البانوراما» الشاملة لكوميديا دانته وقد لا يكون من الصعب أن يتصور المرء ما تحفل به هذه الملحمة الشعرية من حوادث ولقاءات وحوارات وحِكَم وصوَر ومشاهد وخُطب منها اللاهوتي ومنها العلمي ومنها السياسي ومنها الأخلاقي وإلى ما هنالك، فهي عالم دانته الأوروبي القروسطي بأسره. ولنا نحن العرب حصة في تلك الملحمة إذ نجد مثلاً في مكان اسمه «ليمبو» حيث لا عذاب ولا أمل بعض الفلاسفة القدماء كارسطو وأفلاطون ثم بعض فلاسفة العرب كابن رشد وكذلك السلطان صلاح الدين الأيوبي الذي كان مثالاً للشهامة في زمن دانته. أما الرسول العربي الكريم فهو وبصحبة علي عليه السلام في خندق اللذين شقوا الكنيسة أي أن الإسلام في نظر دانته هو هرطقة مسيحية.

كنت في العام ١٩٨٣ في زيارة لإيطاليا فوددت أن أزور بعض الأرض التي كتب عنها دانته فاستقليت باصاً ريفياً إلى بلدة «غوبيو» ثم إلى أعلى الجبل الذي فيه كنيسة القديس «أوبلدو». دخلت إلى الكنيسة فوجدت نفسي وحيداً تماماً وأمامي وعلى بعض الارتفاع من أرض الكنيسة تابوت زجاجي يرقد فيه القديس المذكور وجسده ما زال سالماً من الفساد. إنتابتني هيبة المشهد ولربما بعض الفزع

فلم أنتظر الباص للعودة مجدداً إلى البلدة بل هرولت نزولاً في منحدر شديد من الأرض فيه جدول صغير، وإذا بي أقع في منتصف الطريق على لوحة من المرمر الأبيض نُقشت عليها بعض أبيات دانته:

«بين نهر توبينو والماء المنحدر

من القمة المختارة التي يرقد عليها القديس أوبلدو

تروي المياه من الجبل بساطاً يتدلى من الأرض خصيباً»

فاكتفيت بهذا اللقاء المباشر مع عالم دانته فكان الأمر بالنسبة لي وكأنه كشف أو حال أي كذاك الذي يأتي على أهل التصوف، رغم انني لست منهم في العادة. أما أبيات دانته التي رسخت في الذهن فهي كثيرة وما زلت أرددها أحياناً لنفسي أو لمن يتلطف ويصغي إليها، فمنها مثلاً:

«نسّون ماجيور دولوري كيه ريكوردارسي

دل تمبو فيليشه

نيللا ميزيريا»

«لا عذاب أفدح من أن نتذكر

تلك الأوقات السعيدة

ونحن في حال البؤس».

أو التبرير الذي جاء على لسان باولو وفرنشسكا لممارستهم الحب الحرام بعد قراءة كتاب عن الحب:

«غليوتو فو إل ليبرو أي كيه لو سكريزه

كل جيورنو بيو نون في ليغممو افانتي»

«قوّاد ذاك الكتاب وقوّاد أيضاً مؤلفه!

وفي ذاك اليوم لم نعد نقرأ»

أو البيت الأخير من الكوميديا:

«لامور كيه موفي إل سوله ايه لالتريه ستلله»

«الحب الذي يحرك الشمس والنجوم الأخرى»

ومن دانته إلى نيكولو مكيافيللي (ت. ١٥٢٧م.) وكتابه «الأمير» الذائع الصيت، والذي يراه العديدون أنه بمثابة الدستور لما يُسمى اليوم سياسة الأمر الواقع. هو كتاب صغير الحجم لا تستغرق قراءته سوى ساعات قليلة غير أنه أحدث في زمانه ضجة كبرى سرعان ما حملت بعض معاصريه الأوروبيين على وصفه بأنه من عمل الشيطان. ففي الأدب الإنكليزي المعاصر له نجد على سبيل المثال أن لفظة «العجوز نك» (مختصر نيكولو) أضحت مرادفة للشيطان. يقع الكتاب في ستة وعشرين فصلاً قصيراً تتضمن مقدمته رسالةَ إهداءٍ إلى لورنزو دي مديتشي حاكم فلورنسا آنئذ، يقول فيها مؤلفه أنه توخى البساطة في الأسلوب بعد أن اكتسب خبرة طويلة الأمد في الشؤون العامة وقرأ الكثير عن تاريخ اليونان والرومان. وهو

كتاب ينتمي إلى صنف أدبي عرفته العديد من الآداب في الشرق والغرب ويسمى في العادة «نصيحة الملوك» أو «مرايا الأمراء». ولدينا في التراث العربي والإسلامي أمثلة عديدة من هذا الصنف الأدبي، من أشهرها «الفخري في الآداب السلطانية» لابن طباطبا (ت.٩٣٤م.) و«سراج الملوك» للطرطوشي (ت. ١١٢٧م.)، ولعل أشبهها بكتاب «الأمير» هو كتاب «سياست نامه» بالفارسية للوزير السلجوقي الشهير نظام الملك (ت.١٠٩٢م.). ولهذه الكتب، بما فيها «الأمير»، بنية متشابهة في الغالب فهي تمزج بين الحكمة والشواهد التاريخية لتصوغ منها النصائح الملكية المختلفة والموزعة على فصول، لكل فصل منها موضوع خاص يتصل بشأن من شؤون الحكم والحاكم، وهذه المواضيع كثيراً ما نجدها متشابهة في تلك الكتب.

يقول مكيافيللي في الفصل الثاني أن الذي يرث الحكم من والده أو أجداده لا يحتاج إلى النصح بقدر ما يحتاجه من يمارس الحكم لأول مرة، فكتابه يتوجه على الخصوص إلى الحاكم الجديد حين تكون مشاكل الحكم أكثر تعقيداً وصعوبة. وهذا الحاكم الجديد غالباً ما يحتاج إلى استعمال القسوة والعنف فتأتي النصيحة بأن يستعملها الحاكم مرة واحدة وعلى نطاق واسع، أما جود الحاكم وكرمه فقطرة بعد قطرة. ويوجز مكيافيللي العلاقة مع الشعب كما يلي: «هل من الأفضل أن يكون الحاكم مرهوب الجانب أم أن يكون محبوباً؟ الجواب أن يكون الاثنين معاً لكن إذا

كان لا بد من الاختيار فالأفضل أن يكون مرهوباً. لكن ينبغي أن لا يكون مكروهاً من الشعب، ومن السهل تفادي الكراهية إذا امتنع الحاكم عن انتهاك حُرُماتهم أو التعدي على أملاكهم». ويصف أخلاق البشر كما يلي: «إنهم في الغالب عاقّون ومتقلّبون وكذّابون وخادعون وجبناء وجشعون فهم يمحضونك الولاء ما دمت تحسن معاملتهم لكن ما إن يقترب منك الخطر حتى ينقلبوا إلى أعداء». وقبل كل شيء على الحاكم أن لا يعتدي على ممتلكات شعبه إذ «سرعان ما ينسى الإنسان فقدان والده لكنه لا ينسى أبداً فقدان ممتلكاته».

وهكذا نقترب بالتدريج إلى الفصل الثامن عشر وهو الفصل الأعظم شهرةً في الكتاب والذي خلق للمؤلف سمعته السيئة في زمانه. يبدأ الفصل بوصفٍ مجازيٍ للحاكم الذي يصفه بأنه يجب أن يكون نِصفُه بشرياً ونصفه الآخر وحشياً، كما ينبغي أن يتّعظ بالثعلب والأسد فيكون كالثعلب في اكتشاف الفِخاخ والمكائد وكالأسد في طرد الذئاب عنه. ونأتي إلى الفقرات الشهيرة وهي كما يلي: «لذا فإن الحاكم الحصيف لا يمكن له ولا ينبغي له أن يفي بوعوده حين تنتفي الأسباب التي جعلته يعطي الوعد في السابق. فلو كان البشر كلهم اخياراً لما صحت هذه النصيحة، لكن بما أن البشر جديرون بالازدراء ولا يفون بوعودهم لا ينبغي للحاكم ان يفي بوعوده لهم. وبما أن المظهر والشكل هو الأمر الأهم في العلاقات العامة على الحاكم أن يظهر بمظهر الشخص الحنون

الودود التقي الذي يفي بالوعد لكن عليه أيضاً أن يعرف كيف يتصرف على العكس من ذلك تماماً حين تدعو الحاجة». من هنا فإن «الحاكم الجديد لا ينبغي أن يلتزم بما يمنح الناس السمعة الطيبة لأنه إذا كان له أن يحافظ على سلطانه ودولته فهو كثيراً ما يضطر إلى التصرف بما يتعارض مع النية الحسنة وعمل الخير واللطف وشعائر الدين».

ليست هذه الآراء بمجملها غريبة عما نجده في تراثنا السياسي وخصوصاً في كتب «مرايا الأمراء» فهذا الطرطوشي مثلاً يخبرنا أن عبد الملك ابن مروان حين وصل إلى سدة الخلافة وضع المصحف في حُجْره وخاطبه قائلاً: «هذا فراقٌ بيني وبينك». لكن الأقرب إلى آراء مكيافيللي هو ما نجده في كتاب الوزير نظام الملك حيث يقول ما يلي: «على السلطان أن يباشر الحرب ضد الأعداء لكن بأسلوب يترك مجالاً للصلح، كما عليه أن يعقد الصداقات والمعاهدات لكن بأسلوب يمكن له أن يفسخها، وأن يفسخها لكن بأسلوب يمكن له ان يعقدها من جديد». فمنطق الدولة كما نجده في هذه النصوص يتقدم على كل ما عداه بما في ذلك شعائر وأحكام الدين إذا لزم الأمر. لا أدري لماذا تسبب كتاب مكيافيللي في خلق تلك الموجه العاتية من الكراهية له. ألم يكن الناس في زمانه يعرفون حق المعرفة أن الحكّام يتبعون في سيرتهم ما نسميه اليوم منطق الدولة؟ أم هل كانت الكنيسة في ذلك الزمن قد بدأت تشعر بفقدان سلطانها مع قيام دولٍ أوروبية جديدة

عسكرية الطابع بالكامل ومصممةٍ على انتهاك كافة الأعراف وصولاً إلى غاياتها فشنّت الكنيسة على الكتاب وصاحبه تلك الحملة الشعواء؟ أم هل كان التاريخ الإيطالي في عصره مزيجاً من البابوية والسياسة كما في أيام البابا إسكندر السادس بورجيا، فأراد مكيافيللي أن يفصل بين الأمرين بوضوح وصراحة تامّين لم تكن مألوفة من قبل؟ لن أحاول الإجابة على هذه الأسئلة بل أتركها لأصحاب الاختصاص، مع التأكيد على أهمية هذه النصوص في الفكر السياسي الأوروبي والفكر العربي الإسلامي على حد سواء. فالتاريخ العربي كثيراً ما يشي بوجود توتر واضح بين الشريعة والسياسة، بين منطق الفقيه ومنطق السلطان.

ومن مكيافيللي إلى ميشيل دي مونتين (ت.١٥٩٢م.)، هذا العبقري الذي يخاطبنا عبر الزمن وكأنه من معاصرينا من خلال أدب المقالات التي كتبها حول شتى المواضيع فيذكرنا في بعض الأحيان بذاك العبقري الآخر أي بالجاحظ. فكلاهما عنده فضول لا ينضب للمعرفة، معرفة الإنسان والمجتمع والطبيعة والأدب. كلاهما يستخدم أسلوب «الرسالة» أو «المقالة» لتلخيص مفاهيمه وإيجازها لجعلها على درجة عالية من التكثيف. كلاهما ينتقد طروحات عصره بشكل يمزج الجد بالهزل. سأعود فيما بعد إلى الجاحظ والتفت الآن إلى مونتين.

لكلٍ منا مقالته المفضله من مقالات مونتين، ومقالتي المفضلة

هي التي بعنوان «حول آكلي لحوم البشر». يقول مونتين أنه استجوب أحد الذين أبحروا إلى تلك القارة الجديدة (أمريكا اللاتينية اليوم) ودرسوا عادات أهلها عن كثب ويسرد مونتين ما قاله له هذا الرحّالة ليستنتج أن أولئك الذين يسميهم الناس آكلي لحوم البشر هم في الواقع أكثر اهتماماً بالطبيعة وأكثر عطفاً على بعضهم البعض وأشد تمسكاً بالتعقل في علاقاتهم الاجتماعية من معاصريه هو. وتنتهي المقالة بجملةٍ قد تكون من أكثر الجمل سخرية في الأدب الأوروبي «لا بأس في كل هذا الذي سبق، ولكن ما الفائدة؟ إنهم لا يلبسون البنطلون»!!! ولعل مونتين أول كاتب أوروبي وجد في المجتمعات المسماة «بدائية» أحوالاً وعادات جديرة بالاحترام، وذلك قبل العصر الأوروبي الإمبريالي الذي طرح غطاء العنصرية والتسلط على كل ما هو غير أوروبي. ومن أمثال تلك الجملة الساخرة ما يقوله حول علاقة الكلمات بالأشياء ليبرهن أن الحياة الاجتماعية فيها الكثير من التكلّف. فالكلمات التي تدل على أمور طبيعية كالخراء والضراط والتبوّل والأعضاء التناسلية وممارسة الجنس وما شابه تُعتبر كلمات غير مهذبه في التخاطب الاجتماعي، أما الكلمات الدالة على أمور غير طبيعية كالقتل والسرقة والاغتصاب والزنا وما شابه فهي مقبولة تماماً في الكلام المهذب. وكمثال آخر لسخريته الذي ما زلت أذكره هو الآتي «عندما أُداعب قطتي، هل أنا الذي يداعبها أم هي التي تداعبني؟» ولعل في هذا المثال ما يتعدى السخرية إلى الفلسفة لكنني لن

أخوض في هذا البحث. هذا إذاً هو مونتين الذي أحببته والذي كان بالنسبة لي من أكثر النصوص التي وجدتها قابلة للتعليم والشرح والاستحسان من جانب التلامذة: هذا ما أرجوه على كل حال.

في صيف العام ٢٠١٥ وجدت نفسي أنا وزوجتي في مدينة بوردو الإفرنسية فقررنا أن نزور قصر (شاتو) مونتين وبرجه الشهير القريب من بوردو والذي انعزل فيه ليكتب معظم مقالاته. وبعد مغامرة شيقة لا داع لسردها وصلنا أخيراً إلى المكان فوجدنا أنفسنا وحيدين تماماً مما أثار دهشتنا: مونتين وبرجه بدون أي زائر على الإطلاق؟ وفي عز الموسم السياحي؟ كان الأمر عجيباً حقاً فهل تخلى الإفرنسيون عن زيارة أحد أهم كتّابهم وفلاسفتهم؟ هل لم تعد مقالاته من بين النصوص المقررة في مدارس فرنسا؟ لم أجد الجواب على هذه التساءولات ولكن سُعدنا كثيراً على كل حال لأن البرج كله كان بتصرفنا. ووصلنا أخيراً إلى الغرفة العليا في البرج حيث مكتبه وحيث الكتابات الشهيرة باليونانية واللاتينية المرسومة على ألواح السقف الخشبية التي كان يستلهمها لكتابة مقالاته. هل كان مونتين يداعبنا أم نحن الذين نداعبه؟ وهنا أيضاً جرى اتصال روحي معه كذاك الذي جرى مع دانته.

وانتقل إلى العصور الحديثه في المنهج الدراسي لدائرتنا. لم أجد في تلك النصوص الحديثه من المتعة ما وجدته في العصور القديمة والمتوسطة. ولعل السبب أن تلك النصوص وخصوصاً

النصوص المعاصرة كانت تخضع إلى نقاش مستمر من جانب زملائي في تدريس المنهج. فقد كان من الصعب بل المستحيل أن نحدد ما هو نص «كلاسيكي» حديث وما هو نص تخطاه الزمن فلم يعد له قيمة كبيرة في عصرنا الحاضر. أذكر على سبيل المثال رواية توماس مان «الجبل السحري» وهي رواية طويلة جداً خصصنا لها أسابيع عدة في صفوفنا. هل تستأهل كل هذا الوقت؟ إنها صورة بانورامية للمجتمع الأوروبي في أوائل القرن العشرين وفيها عدد كبير من الشخصيات التي تمثل شتى أنواع الإيديولوجيات في ذاك الزمن، وتتخللها نظرات ولحظات وإشارات ينبغي لفهمها اطلاع عميق على الميثولوجيا الإغريقية. استبدلناها فيما بعد برواية أخرى للكاتب ذاته وهي أقصر بكثير أي «موت في البندقية» الذي يمازج بين الموت والفن لكن في السياق الإيديولوجي ذاته. وأذكر مثلاً رواية «الظلام في وضح النهار» للكاتب ارثر كستلر الذي «يفضح» النظام الستاليني من خلال قصة سجين آمن بالمبادىء الشيوعية «الديمقراطية» لكنه رفض تحولها إلى الديكتاتورية. كان النقاش حول هذه النصوص حامياً في الكثير من الأحيان خصوصاً عندما كنا نرى في البعض منها دعاية أوروبية/أمريكية واضحه ككتاب كستلر. فقد ازداد مع الزمن عدد الاساتذه العرب وازدادت مطالبتنا بإدخال التراث الشرقي والعربي إلى المناهج، ونجحنا في هذا المسعى إلى حد كبير. فقد ادخلنا إلى المنهج ملحمة غلغامش وأدخلنا إليه الجاحظ والغزالي وابن خلدون وغيرهم وأدخلنا الطيب

صالح وغيره إلى النصوص الحديثة فبات المقرر ككل اقرب إلى الشمولية الحضارية من ذي قبل إذ كان في السابق أوروبي الطابع بالكامل.

لم أذكر من النصوص إلا ما ورد الآن إلى الذهن فعددها كان كبيراً. وكان هذا المقرر لا يُستحسن من قبل التلامذة لأنه كان من المواد المفروضة عليهم. غير أن الغريب في الأمر أنني صادفت الكثيرين من خريجي الجامعة الذين اعترفوا أمامي أن هذا المقرر كان من بين أكبر ما خلفته المواد الجامعية من أثر في حياتهم فيما بعد. وها نحن اليوم نجد أن هذا المقرر قد تقلص إلى حد كبير ولم يعد مفروضاً، فقد حاربته الكليات الأخرى وأضحى مصيره معلقاً مع مصير سائر العلوم الإنسانية في الجامعات في الشرق والغرب. عسى أن يأتي اليوم الذي تعي فيه كليات الهندسة والطب والتجارة، كما يعي أهل التلامذة، أن الفكر الناقد الذي هو في صلب وظائف العلوم الإنسانية يعني أن وجود هذه العلوم (الأدب، التاريخ، الفلسفة، العلوم الاجتماعية) في جامعاتنا العربية بل وتدعيمها يؤدي حتماً إلى أطباء ومهندسين ورجال أعمال، ذكوراً وأُناث، أكثر قدرة على التفكير النقدي والتحليل المنطقي والتخيّل الخلّاق، مما يؤدي إلى استنباطِ أسلم وأسرع لحل المشاكل التي تواجههم في أعمالهم المختلفة.

# في جامعة شيكاغو

وفي العام ١٩٦٦ بدأت مرحلة جديدة من سيرتي مع الكتب. فقد آن الأوان للتفكير الجدي بالمستقبل العلمي أي بالحصول على الدكتوراه. لم يكن لدي أدنى شك أن مهنة التعليم قد أصبحت مهنتي ولم يكن من الممكن أن أصعد السلم الأكاديمي بدون تلك الشهادة. وبعد مخاض حصلت على منحة جامعية من جامعة شيكاغو في أمريكا. وكنت أنا من بين فريق من الزملاء الذين سافروا إلى أوروبا وأمريكا في طلب الدكتوراة فتفرقنا في ربوعها. وكان عليّ أن أختار في مجال الدراسات العربية الإسلامية بين التاريخ الوسيط والحديث فاخترت الوسيط بدون تردد يذكر واتجهت نحو تاريخ الفكر، والفضل في هذا الاختيار للسنوات الست التي أمضيتها في دائرة الثقافة العامة وللأعوام التي قضيتها في المدرسة البريطانية بصحبة اليونان والرومان. وبما أنني كنت منذ أيامي الجامعية في أكسفورد أبدي اهتماماً خاصاً بفلسفة التاريخ وكتابته عقدت العزم على انتقاء موضوع يتصل بكتابة التاريخ عند العرب. وفي تلك الأيام كان في جامعة شيكاغو كوكبة لامعة من

الأساتذة في الدراسات العربية الإسلامية منهم محسن مهدي العراقي وويلفرد ماديلونج الألماني وياروسلاف ستتكيفتش الأوكراني والأستاذ العبقري مارشل هودجسن الأمريكي صاحب كتاب «مسعى الإسلام». وكان محسن مهدي وبسبب كتابه عن ابن خلدون هو الذي اخترته للإشراف على أطروحتي. اقترح عليّ في البدء أن أكتب عن ابن حيان القرطبي ثم استقر الرأي على المسعودي (ت.٩٥٦م.). وكان محسن مهدي من أتباع الفيلسوف ليو شتراوس وكتابه الشهير «الاضطهاد وفن الكتابة» الذي تنطح لتحليل كتابة الفلسفة إبان العصور الوسطى الدينية التي اضطهدت الفلسفة. وكتاب مهدي عن ابن خلدون كما كتاباته اللاحقه عن الفارابي تنضح بالأفكار «الشتراوسية» أي كيفية كتابة الفلسفة في العصور الوسطى التي سادها الدين، ووجوب التنقيب الدقيق عن المضمر ضمن المصرح عنه في النصوص. وهكذا نجد أن ابن خلدون في رأي مهدي هو في الحقيقة فيلسوف مُقنّع. لم ترق لي تلك النظرية إذ ان كل كتاب «كلاسيكي» يتضمن في الواقع كتباً عدة وليس ثمة من «مفتاح» واحد يفك رموز مثل تلك الكتب. كما أن نظريات شتراوس لم تلاقي قبولاً فيما بعد عند معظم مؤرخي الفكر.

وكان برنامج الدكتوراه في ذلك الزمن يتضمن حوالي سنة ونصف ويتطلب حضور ندوات دراسية عليا أي ما يسمى «سمينار»، وذلك قبل البدء في كتابة الأطروحة، حيث على الطالب

اختيار شريحة واسعة من مختلف المواضيع في الدراسات الإسلامية كعلم الكلام والأدب والجغرافيا والتاريخ وعلم السياسة وإلى ما هنالك، وكانت معظمها بالنسبة لي مواضيع جديدة لكنها ذات صلة مباشرة وغير مباشرة بالمسعودي وبكتابة التاريخ. وهكذا وجدت نفسي أمام بحر زاخر من النصوص التي عكفت على قراءتها بشغف كبير. فالسنوات الست التي كنت قد امضيتها في دائرة الثقافة العامة جعلتني أنظر إليها بنظرة التحليل المقارن أي بنظرة تضع تلك النصوص في سياقها العالمي، ليس لرصد التأثير من هنا وهناك، فالتأثير الفكري ليس شيئا ميكانيكياً ينتقل من مفكر إلى آخر، بل لأن تلك النصوص العربية كانت في الواقع تخاطب العالم بأسره، شرقاً وغرباً. فالمسعودي مثلاً يطمح إلى كتابة تاريخ العالم وليس فقط عالمه الإسلامي وكذلك الأمر مع العديد من تلك النصوص التي تفترض أن القرآن الكريم هو دعوة لاكتشاف عالم المعرفة وليس دعوة إلى حصر العلم والانغلاق والاكتفاء بما جاء به التنزيل: القرآن بداية وليس نهاية. هذا على ما أظن هو الذي منح حضارتنا في تلك العصور حيويتها وزخمها العظيمين. بل وقد أُضيف أنه من الممكن لنا أن نقسم مفكري الإسلام إلى فريقين: فريق يرى أن القرآن نهاية المعرفة والآخر يرى أنه بدايتها.

وعالمية الحضارة العربية الإسلامية في عصور ما قبل الحداثة هي التي أرّخها مارشال هودجسن في كتابه بمجلداته الثلاثة، والمشار إليه أعلاه، والذي ما زلت إلى اليوم ارى انه أهم تاريخ

لحضارتنا كتبه مؤلف غربي. كان هودجسن إنساناً غريب الأطوار، بل به مس من جنون العبقرية. كانت مسيحيته عميقة الجذور وكان ينتمي إلى فرقة «الأصدقاء» أي «الكويكرز». وكان من أول اللذين نادوا إلى نبذ النظرة الأوروبية نحو تاريخ العالم وإلى فهم الحضارة الإسلامية من منظار عالمي شامل فقد كان التاريخ العالمي أحد اهتماماته الرئيسية. وكان له اهتمام خاص بالتصوف الإسلامي لم أشاركه فيه. وانجذب إليه فريق من التلامذه أصبحوا جزءاً من عائلته وكان يمضي معهم الساعات الطوال في حل مشاكلهم فكرية كانت أم عاطفية. ويستخدم هودجسن في كتابه عبارات واصطلاحات خاصه به يرى أنها ضرورية لفهم تاريخ الإسلام فيفرق مثلاً بين الإسلامي والمؤسلم (Islamic; Islamicate) أي بين ما هو ديني وما هو حضاري، فيجعل دائرة المفهوم الحضاري أوسع بكثير من دائرة الديني، الأمر الذي يتطلب نظرة وكتابة عالمية لتاريخ الإسلام.

الجاحظ (ت.٨٦٩م.) أولاً. لعلنا لا نخطىء إذا سمينا الجاحظ «ميكروكوزم» أي عالَم صغير. فالجاحظ أحدث شرخاً فكرياً عميقا في الثقافة العربية بل قد نقول إنه صاغ لها مفاهيم تختلف جذرياً عما جاء من قبل. جال الجاحظ على مختلف العلوم في عصره وجال أيضاً على معتقدات مجتمعه فوضعها كلها تحت مجهر العقل والتجربة والبحث ونقلها من الانبهار بالماضي إلى الانبهار بالمستقبل وما قد يأتي به العقل من اكتشافات لا تنتهي. وفي هذا الصدد يقول: «لأن الإنسان وإن أُضيف إلى الكمال وعرف بالبراعة

وغمر العلماء فإنه لا يكمل أن يحيط علمه بكل ما في جناح بعوضه أيام الدنيا ولو استمد بقوة كل نظّار حكيم واستعار حفظ كل بحّاث واع وكل نقّاب في البلاد ودرّاسة للكتب». جناح بعوضة؟! غريب حقاً هذا المثل لكنه يعكس بدقة ذاك المزيج العجائبي من الخيال والتعقل عند الجاحظ. ومع أن معظم المتنورين العرب في يومنا هذا يجعلون من ابن رشد مثالهم الأعلى في التعقل غير أنهم لم يلتفتوا بما يكفي لنورانية الجاحظ الذي أرى في مؤلفاته المختلفة آفاقاً علمية أوسع من آفاق ابن رشد. فقد كان للجاحظ اهتمام عميق بالحضارات العالمية وكان يرى أن حضارته العربية الإسلامية وريثة الحضارات السابقة وموطن الحكمة الأخير. أما الأمم التي تُذكر باستمرار في كتاباته فهي الهند واليونان وفارس، الذي انتقل تراثها الحضاري من لغة إلى أخرى ومن جيل إلى آخر «حتى انتهت إلينا وكنا اخر من ورثها ونظر فيها». لكن تقدم العلوم والمعارف عند الجاحظ ليس بالأمر المحتوم فالعقل البشري يبقى عرضةً لأمراضٍ لعل أفدحها هو التقليد الذي يحجب التبصر والنظر. والدين الذي يؤخذ بالتقليد والتعصب لا بالعقل والنظر هو العامل الأبرز في خمول الحضارات وانحلالها، والجاحظ لا يستثني حضارته من هذا الخطر.

وأينما يمر الجاحظ نلمح بصمات فكره المتألق النقدي الذي كثيراً ما يلجأ إلى السخرية لتفنيد الآراء البالية أو اللاعقلانية. إنه المثال الأبرز في تاريخنا الفكري لما نسميه اليوم «المثقف الملتزم»

أي المثقف الذي يجول بالنظر في مشاكل عصره من سياسية واجتماعية وفكرية وأدبية ليرسم لها حدودها ويفكك خطابها ويضعها في سياقها التاريخي، ولا يتركها إلا بعد أن يزيل ما علق بها من اوهام أو تزمت أو تقليد. فالجاحظ هو الباب الذي نلج منه إلى حضارتنا في أحد عصورها النيرة. ولم تزدني الأيام سوى إعجاباً بعبقريته. وفي إحدى محاورات أفلاطون التي يصف فيها أيام سقراط الأخيرة التي أمضاها في السجن ينتظر تنفيذ حكم الإعدام بتهمة إفساد أخلاق الناشئة، يعلل سقراط حكم الموت الصادر بحقه ويصوغ المثل التالي: هناك ذبابة تحوم حول حصان كسول عظيم الحجم فتلسعه هنا ثم تلسعه هناك إلى أن يأتي اليوم الذي ينفذ فيه صبر الحصان فيضرب الذبابة بذيله ويسحقها. والذبابة هي طبعاً سقراط نفسه أما الحصان فهو مدينة أثينا. وأنا كلما أتأمل هذا المثال أجده يعبر بدقة عن الدور الذي لعبه الجاحظ في عصره فهو يلسع في كل مكان، يستنطق الخاصة والعامة، ويحاجج الناس في آرائها وإذا لم يجد من يناظره حقاً فهو يخترع الخصم لكي يصل الجدال إلى خاتمته العقلية. ومن حسن الطالع أن حياته لم تنته كما انتهت حياة سقراط. وإذا أردنا أن نصف الجاحظ لإنسان غربي فقد نقول إنه مزيج من سقراط ومونتين مع نفحة من فولتير. لكن كل هذه التشبيهات لا تفيه حقه فقد أرخى بظلاله على العصور اللاحقة ولم نتجاهله نحن العرب إلا في العصور الحديثة، رغم أننا نملك اليوم تحقيقات علمية لمؤلفاته لم تكن متوفرة من قبل.

كان الجاحظ إذاً هو الكاتب الذي أدخلني بالفعل إلى عالم المسعودي الذي اخترته موضوعاً لأطروحتي. فالجاحظ يخيّم على تاريخ المسعودي كما يخيم على ما لا يحصى من الأعمال الفكرية في عصورنا المسماة ـ «ذهبية» ـ وأنا أضع كلمة «ذهبية» بين علامتي اقتباس لأنني لست متأكداً تماماً من صحتها، وأعني بها الفترة بين القرنين التاسع والسادس عشر للميلاد على وجه التقريب. على كل حال، من يقرأ المسعودي يلاحظ فوراً أن آفاق مؤلفاته تتعدى السرد التاريخي البحت لتشمل ليس فقط تاريخ العالم كما عرفه معاصروه بل أيضاً العديد من العلوم المتصله بالتاريخ كالجغرافية وعلوم الطبيعة والمعرفة التاريخية وعلم الكلام وتواريخ الأمم، القديمة منها والمعاصرة. ونجد عنده كذلك تعريفات شتى للمصطلحات المستخدمة كالأمة مثلاً أو كالتجربة والنظر والعادة، الأمر الذي بعث ابن خلدون فيما بعد إلى وصفه «بإمام المؤرخين» رغم انتقاده الظالم له في رأيي بأنه ينقل «أخباراً مستحيلة». وعلى كل حال فإن الولوج إلى عالم المسعودي يعني الولوج إلى عالم شبيه بعالم الجاحظ وذلك بسبب انفتاحه الواسع على شتى أصناف المعرفة. لذا فقد كان اختيار المسعودي موضوعاً لإطروحتي اختياراً ميموناً لأنه فتح أمامي نافذة واسعة جداً على علوم وحضارة الإسلام في ذلك العصر.

وجدت نفسي إذاً أمام سيل جارف من المؤلفات التي كان علي ان اتفحصها بالإضافة طبعاً إلى تفحص نص المسعودي حتى

تكتمل الصورة أمامي. لم يكن الأمر بالسهل أبداً وكثيراً ما انتابتني حالات من اليأس يعرفها جيداً كل من جاهد ويجاهد في كتابة أطروحة الدكتوراة. فلما حل زمن الكتابة كنت كلما أضع أمامي ورقة بيضاء لأبدأ بالكتابة يبدو بياض الصفحة وكأنه انعكاس لبياض أفكاري فتمضي الساعات بل الأيام الطوال في التأمل وفي استقبال شلال من الأفكار التي لا تمت بصلة إلى ما أنا فيه. لم أعد أذكر الآن ما الذي أنقذني في نهاية الأمر مما يُسمى في يومنا هذا «عائق الكاتب» أو «عقبته» فلعله كان عدم انتظار الوحي بل الشروع في الكتابة كيفما اتفق والعودة إليها لاحقاً وبعد صفاء الذهن لتصحيحها. وها هو الجاحظ يأتي من جديد ليسعفني في هذا الموقف إذ يقول: «وينبغي لمن كتب كتاباً ألا يكتبه إلا على أن الناس كلهم له أعداء وكلهم عالم بالأمور وكلهم متفرغ له، ثم لا يرضى بذلك حتى يدع كتابه غُفلاً ولا يرضى بالرأي الفطير فإن لابتداء الكتاب فتنة وعُجباً فإذا سكنت الطبيعة وهدأت الحركة وتراجعت الأخلاط وعادت النفس وافرة أعاد النظر فيه فيتوقف عند فصوله توقّفَ من يكون وزن طمعه في السلامة أنقص من وزن خوفه من العيب». صدرت الأطروحة لاحقاً في كتاب بالإنكليزية فكان أول كتاب لي فحضنته عند صدوره بحرارة لا تقل إلا قليلاً عن حرارة احتضاني لأولادي. أراني لا أستطيع أن أُبعد عني شبح الجاحظ فقد عقدنا مع بعض الزملاء مؤتمراً دولياً حول الجاحظ صدر لاحقاً في كتاب عام ٢٠٠٩ عن المعهد الألماني للدراسات

الشرقية في بيروت ونال قسطاً وافراً من التقدير النقدي كما نال جائزة الكتاب العالمي من الجمهورية الإسلامية في أيران.

لم أجد في نص المسعودي ما يمكن أن نسميه بُعداً «شتراوسياً» أي نصاً آخر مستتراً أو مضمراً. كان المسعودي على ما بدا لي شيعياً في العقيدة، لكن شيعيته لم تكن مضمرة ولا مستترة بل كانت واسعة الآفاق ومنفتحة على علوم العصر بالكامل. فهو يختار الأفضل من النظريات والفلسفات والمذاهب الفكرية لتفسير الظواهر التاريخية والعلمية التي يتناولها في نصوصه. هذا الاستقلال الفكري هو الذي منح تواريخه ميزتها الكبرى لدى كافة المذاهب والفرق الإسلامية رغم فقدان العديد من مؤلفاته. ويبدو لي أننا عندما نتناول تاريخنا الفكري في هذه الأيام فإننا كثيراً ما نعمد إلى وضع المفكرين الكلاسيكيين في صناديق فكرية ضيقة فهذا شيعي وهذا سني وهذا معتزلي وهذا أشعري وهذا حنفي وهذا شافعي وهذا صوفي وهذا متكلم وهذا فيلسوف وهذا فقيه وهذا أصولي وهذا أخباري وإلى ما هنالك من تصنيفات، ولا نأخذ بعين الاعتبار أن العديد منهم كانوا انتقائيين واصطفائيين في تفكيرهم خصوصاً أن القسم الأعظم منهم كان قد نهل من معين الأدب ونظرته الموسوعية إلى العلوم.

وعندما أستعيد إلى الذهن ما قرأت من مؤلفات ذات صلة بأطروحتي عن المسعودي - ولا بد من الفصل بين ما كان منها هاماً وما كان ثانوياً حتى لا أغرق في لجةٍ من الكتب - يحضرني اليوم

من بين الكتاب البارزين ابن قتيبه (ت.٨٨٩م.) وكتاب «عيون الأخبار» الذي أعود إليه مرات عدة كل سنة لما فيه من حكمة وادب وشعر وظرف وسخرية. ولعل المقدمة التي خطها لكتابه من أجرأ ما كتب عن دور الأدب في تكوين الخلق القويم والابتعاد عن التدين المصطنع والرياء إذ يقول فيها: «فإن هذا الكتاب وإن لم يكن في القرآن والسنة وشرائع الدين وعلم الحلال والحرام دالٌّ على معالي الأمور، زاجر عن الدناءة، ناهٍ عن القبيح، باعث على صواب التدبير... وليس الطريق إلى الله واحداً ولا كل الخير مجتمعاً في تهجد الليل وسرد الصيام... بل الطُرق إليه كثيرة وأبواب الخير واسعة وصلاح الدين بصلاح الزمان... وإنما مثل هذا الكتاب مثل المائدة تختلف فيها مذاقات الطعوم لاختلاف شهوات الآكلين وإذا مر بك حديث فيه إفصاح بذكر عورة أو فرج أو وصف فاحشة فلا يحملنك الخشوع أو التخاشع على ان تصعّر خدك وتعرض بوجهك فإن اسماء الأعضاء لا تؤثم وإنما المأثم في شتم الأعراض وقول الزور والكذب وأكل لحوم الناس بالغيب». ثم يستشهد ببعض الأقوال التي جاءت على لسان الرسول الكريم وأبي بكر وعلي وفيها ذكر للعورة لكي يثبت أن هذا الأمر يجري «على عادة السلف الصالح في إرسال النفس على السجية والرغبة بها عن لِبسة الرياء والتصنع». هذا الدفاع عن ما قد نسميه «الأدب المتحرر من الأعراف» مهد الطريق أمام العديد من المجموعات الأدبية التي تبعته وإن لم تكن جميعها على نفس المقدار من الجرأة والابتعاد

عن التصنع. ولا ريب عندي أن طيف الجاحظ يحوم حول ابن قتيبة و«عيونه» رغم انتقاده للجاحظ، فهو تلميذ الجاحظ، شاء أم أبى، ويدين له بالكثير، لا سيما بالجرأة في التعبير والأسلوب وفي تحرر الفكر ومكانة الأدب المحورية بين العلوم.

تُرى ما الذي يجعل من هذه الأعمال الأدبية صروحاً تبقى وتدوم على مر الزمن؟ لماذا نعود إلى الجاحظ وابن قتيبة والمسعودي وابن خلدون وغيرهم مراراً وتكراراً، ونكتشف عند كل قراءة متجددة أموراً لم نلحظها من قبل؟ قد أعود إلى هذا الموضوع لاحقاً وقد لا أعود، لكني أرى في هذه الأعمال الكلاسيكية ميزة مشتركة هي ميزة تخطي الحدود مع ما يواكب ذلك من نبذٍ للتقليد وتحدٍ للتقاليد واستنطاقٍ للمحظورات بهدف الإبقاء على الأبواب مفتوحة أمام كافة الأسئلة، فلا يوجد سؤال له جواب نهائي. هذا هو المغزى من وراء مثال جناح البعوضه عند الجاحظ والطرق الكثيرة إلى الله عند ابن قتيبة، وهذه المزايا على ما أعتقد هي التي تميز تلك الأعمال الأدبية الخالدة ـ المعذرة من القارىء على هذا الاستطراد.

اليعقوبي (ت. حوالي ٨٩٧م.)، المطهّر ابن طاهر المقدسي (كتب حوالي ٩٦٦م.)، مسكويه (ت.١٠٣٠م.): ثلاثة من أبرز مؤرخي ذاك العصر اللامع. قرأت أعمالهم بتمعن في تلك الآونة وأعود إليهم كلما سنحت الفرصة أو قادني إليه البحث. لم نعد نملك مقدمة اليعقوبي لتاريخه فقد أطاحت بها يد الزمان مع ما

أطاحت من أعمال، لكنه كان أول من التفت من المؤرخين إلى تاريخ العالم الثقافي قبل مجيء الإسلام وذلك بشكل مفصل ودقيق. كما أن لليعقوبي اهتمام عميق بعلوم عصره الطبيعية ومنها مثلاً علم أحكام النجوم والطب والجغرافيا (وله طبعاً كتاب شهير في الجغرافيا) وغيرها من العلوم نستبينها في ثنايا تاريخه. وله أيضاً رسالة موجزة بعنوان «مشاكلة الناس لزمانهم» يفصّل فيها بالأمثلة التاريخية المتعددة كيف ان المسلمين في كل عصر «تبع للخليفة يسلكون سبيله ويذهبون مذاهبه ويعملون على قدر ما يرون منه ولا يخرجون عن أخلاقه وأفعاله وأقواله» وهو كأنه يرمي إلى توضيح المثل السائر إن «الناس على دين ملوكهم».

يبدأ تاريخ اليعقوبي في الجنة مع آدم وحواء وينقل فيه ما جاء عن أهل الكتاب بشكل ينم عن معرفة حميمة بكتب العهد القدبم والإسرائيليات عموماً ومن ثم بكتب العهد الجديد والأناجيل الأربعة. وينتقل بعد ذلك ليسرد تواريخ الأمم الأخرى كملوك بابل والهند واليونان والفرس والصين ومصر القديمة واليمن مع التركيز على ثقافاتهم وأحكامهم وشرائعهم وعلومهم المختلفة كالجغرافيا والطب والنجوم وآراء مشاهير علمائهم، ويفصل ما جاء في كتبهم فكأنه أرشيف كامل لعلوم ومقولات العالم القديم. ويأتي في نهاية الجزء الأول إلى عرب الجزيرة فيفصّل دياناتهم وثقافتهم وشعراءهم كمقدمة لتاريخ الإسلام. وحين يصل اليعقوبي إلى فجر الإسلام ومولد الرسول وسيرته ثم سِيَر الخلفاء فيما بعد، نجد أنه يعتمد

بشكل أساسي على لائحة من المؤرخين يذكر أسمائهم في البدء وكأنه مؤرخ أكاديمي معاصر، ويذكر أن غايته هي «جمع المقالات والروايات» في كتاب مختصر. ولعل ما يميز تاريخه هو الاستعانة المستمرة بالمنجمين كأمثال ما شاء الله والخوارزمي لتحديد الطوالع والقرانات عند حدوث الأمور العظام. كما أن ميوله الشيعية واضحة تماماً. من هنا فإن اهتماماته الثقافية والعلمية كما وتشيّعه تجعله المؤرخ الأقرب فكراً وأسلوباً إلى المسعودي. كلاهما ينتمي إلى ما قد نسميه المدرسة الأدبية في كتابة التاريخ التي تتميز بحذف الأسانيد وبالاهتمام الواسع بالتاريخ الثقافي.

أما المطهّر ابن طاهر الذي لا نعرف عنه ولا عن حياته شيئاً، فكتابه بعنوان «البدء والتاريخ» هو من أعجب ما كُتب في القرن الرابع للهجرة (العاشر الميلادي) بل من كل ما كُتب حول التاريخ وصولاً إلى ابن خلدون. فهو تاريخٌ له برنامج فكري محدد يفصّله في مقدمة طويلة جداً لها منحى فلسفي وكلامي واضح وتنتمي بدون أدنى شك للفكر المعتزلي. وهذا بحد ذاته أمر مثير للاستغراب إذ نحن لا نعلم أن للمعتزله كبير اهتمام بالتاريخ بل ان البعض منهم كالنظّام كان يشكّك ببعض المبادىء الأساسية في علم الحديث كالتواتر مثلاً، أي الأخبار التي ينقلها الجمهور الغفير عبر الزمن ويعتبرها أهل الحديث صحيحة بالضرورة. أما صديقنا الجاحظ فهو يرى أن الأمم المتحضرة لا تنزلق نحو السخف إلا

حين تعتنق الدين الذي هو التقليد بعينه وحين تُغلّب العصبية على التعقل، فهو يحذّر على الدوام من قبول الأخبار العجائبية أو المنافية للطبيعة. والمطهر يصوّب سهامه الفكرية في عدة اتجاهات معاً. فهو يرمي إلى إثبات أن العالم حادث وليس أزلياً (من هنا كلمة البدء في عنوانه) أي أن سهامه تصيب الفلاسفة الدهريين كأبي بكر الرازي وغيره، لكنه يحيل القارىء على كتب الرازي في الخواص الطبيعية إذا أراد ترسيخ علمه في الطبيعيات. ويصوب سهامه نحو الأشاعرة وأصحاب الحديث والقُصّاص وغيرهم ممن كانوا يتقبلون الحوادث الخارقة للطبيعة والمعجزات إذ يرى أن ذلك من شأنه أن يفسح المجال للطاعنين في المعتقدات الدينية فيضع حدوداً صارمة لتقبل المعجزات. من هنا فإن واجب المؤرخ هو الدفاع عن الدين ضد الملحدين والفساق والباطنية، وعلم الكلام المعتزلي هو الدرع الواقي ضد هجمات الهراطقة. على المؤرخ إذاً أن يكتب التاريخ بدقة المتكلم ومنطقه.

لم يحظ المقدسي بالاهتمام الذي يستحقه، لا في الماضي ولا في الحاضر. حتى أن كتابه الذي حققه مستشرق إفرنسي في أوائل القرن العشرين مليء بالأخطاء. فقد أشار علي في الماضي الدكتور إحسان عباس رحمه الله أن أتصدى لتحقيقه من جديد استناداً إلى مخطوطة في إسطنبول. وحصلت على تلك المخطوطة وبدأت العمل لكن الشواغل منعتني من اتمامه وأنا عازم اليوم على تقديم

ما أملك من أوراق إلى أحد الباحثين الشباب لإكمال ما بدأت به. فالمقدسي حقاً من أعمق مؤرخي العرب والمسلمين ولا يجوز أن يبقى كتابه بدون تحقيق علمي.

أما مسكويه فحياته معروفة بتفاصيلها إذ كان من كبار كُتّاب الدولة البويهية (القرنين العاشر والحادي عشر م.) وعاصر العديد من أحداثها مما أضفى مزية عظمى على تاريخه. وكان أيضاً فيلسوفاً رغم أن الفلاسفة في عصره وفي اللاحق من الزمن لم يعتبروه فيلسوفاً بل متفلسفاً. لن أناقش هذا الأمر رغم أن كتابه «تهذيب الأخلاق» فيه بعض الأفكار الأصيلة. ما يهمني هنا هو كتابه في التاريخ بعنوان «تجارب الأمم». لهذا الكتاب مزية بارزة لكونه تاريخاً مفصلاً لزمانه ولأحداث شاهدها بنفسه وحاول جاهداً أن يستخلص عِبَرها خدمةً لأصحاب الدول وذوي السلطان. إنه تاريخ سياسي بامتياز يذكرنا في مراميه العليا وإن لم يكن في مضمونه وأسلوبه بكتاب «الأمير» لمكيافيللي. المراد هو استصفاء العبر السياسية من التاريخ دون الالتفات إلى أي شيء آخر.

يزخر كتاب «تجارب الأمم» بوقائع تاريخية يُشار إليها بعناوين فرعية كالاتي: خدعة، دهاء، رأي سديد، حزم، حيلة، مكر، مكيدة، اتفاق حسن، وحشة، سياسة وغيرها. ويتبع كل حادثة تاريخية فصل بعنوان «السبب في ذلك» أي التنبيه إلى سبب النجاح أو الفشل في عمل سياسي أو عسكري ما. وعماد الأمر في كل

ذلك على ما يسميه مسكويه «التدبير» أي تدبير أمور الدولة العامة والقدرة على استباق الأزمات وعلى استحضار ما يلزم من الموارد للتعامل معها. ومن أهم مكونات التدبير في رأيه القدرة على حسن إدارة الموارد المالية إذ كثيراً ما تؤدي سوء تلك الإدارة إلى انهيار الدول. ومن أهم مكوناته أيضاً التدبير الحربي وأهمية الاستعداد للحروب وما يتبع ذلك من نظام ينظّم عمل العيون والجواسيس، فالدهاء هو ضرورة قصوى في التصدي للعدو، والصبر والنفس الطويل ضروريان لإنهاك العدو. لذا فإن حسن التدبير يتطلب الاهتمام اليومي المستمر والإشراف الدائم على المصالح والموارد وسير الأمور العامة. ولقارىء مسكويه أن يستنتج أن السياسة لا تجري في مجرى الأخلاق، وأن التاريخ لا يكشف عن فائدته إلا إذا عصرناه عصراً لكي نستبين منه كيف تُبنى الدول وكيف تنهار. هنا أيضاً نلمح ما يجمع مسكويه بمكيافيللي. فهو يقول لنا أنه نبذ من كتابه كل ما له علاقة بتواريخ الأنبياء إذ ليس فيها اية فائدة قد تفيد الزمن الحاضر، فتلك التواريخ تزخر بالمعجزات وبالنصر الإلهي ولا تتضمن من التجارب ما قد يفيد الحاكم أو السلطان في يومه الراهن. وهذا بحد ذاته رأي جريء للغاية، إذ كيف يجروء مفكر من أهل الإسلام أن يقول لنا أن سيرة الرسول لا تتضمن أية فوائد دنيوية؟

تملكني الإعجاب بهذه النصوص التاريخية وغيرها الكثير كالطبري (ت.٩٢٣م.) مثلاً الذي يرى أن المعرفة التاريخية لا تأتي

٦٦

إلا من «أخبار المخبرين ونقل الناقلين دون الاستخراج بالعقول والاستنباط بفكر النفوس» فهو ينقل بأمانة تامة كل ما وصل إليه من أخبار، ويسمي الناقلين على اختلاف مشاربهم، ولا يتدخل في تمحيصها إلا في النادر، فنحن حينما نقرأ الطبري فكأنما نقرأ هوامش كتابٍ تاريخي ما وليس نصه. وحين أنجزت أطروحتي عن المسعودي، علمت في قرارة نفسي أن الكتابة التاريخية هي محور اهتماماتي العلمية وأن النهاية لا تتم إلا حين أنجز كتاباً شاملاً في هذا الموضوع. وحالفني الحظ فنشرت ذاك الكتاب الشامل بعد كتاب المسعودي بعشرين عاماً وعنوانه في ترجمته العربية «فكرة التاريخ عند العرب: من الكتاب إلى المقدمة». ومنذ ذلك الحين وحتى اليوم خمد اهتمامي بالموضوع وطفقت أجري في حقول جديدة وادبية متعددة. فأصبحت كلما أنجزت كتابا أو مقالاً يزول اهتمامي به على الفور ولسان حالي معه «رافقتك السلامة، يا عزيزي، ولا ردّك الله».

## العودة إلى الجامعة

عدت إلى جامعتي في العام ١٩٧٠ بعد غياب طال أعواماً أربعة فوجدتها قد تغيرت بشكل جذري. يا لغرابة هذه التحولات العميقة التي تتم في بضع سنين! فالجو الطلابي الذي كان سائداً في الستينيّات، أي طلاب لا يكتثرون بالسياسة ولا همَّ لهم سوى التخرج والحصول على وظيفة تليق بهم في لبنان أو في خارجه، ولا يبغون سوى رضى الأساتذة والتلقي منهم وكأنهم أنبياء مرسلون، فأصبحوا بعد أن وصلت إليهم السياسة والإيديولوجيات المختلفة في السبعينيات في اضطراب شبه دائم وفي استنطاق شبه دائم لكل ما يمر أمامهم من آراء ومواقف وتلقين في الصفوف. وسرعان ما وصلت إليهم الحرب الأهلية فازدادوا تشكيكاً وازدادوا مقدرةً على التمييز بين الحقيقة والمظاهر الخادعة، بين الواقع والمرتجى، بين الكلام والأفعال، الأمر الذي جعلهم من أكثر أجيال الطلبة التي علّمتها نُضجاً وإدراكاً وحنكةً، فكأن الحرب الدائرة حولهم قد أضافت سنوات عديدة إلى اعمارهم.

عدت إلى دائرة التاريخ فوجدت أنه قد أُنيط بي تعليم مادة

تاريخ العرب في العصور القديمة والمتوسطة وتاريخ أوروبا الوسيط وتاريخ كتابة التاريخ. وكان الضغط شديداً ما بين تحضير المحاضرات والاهتمام بالأمور العائلية. ولعل الجامعات العربية تنتبه لهذا الأمر، فلا تثقل كاهل الأساتذة الجدد من حملة الدكتوراة بحمل ثقيل من التعليم بل تعطهم فرصةً لالتقاط الأنفاس والعمل على نشر أطروحاتهم في السنوات الأولى من حياتهم الأكاديمية، فهم في غالب الأحيان خارجون للتو من محنة عظمى هي محنة كتابة الأطروحة. لكن الإدارة في كل الجامعات العربية أضحت هي صاحبة الحل والعقد في كافة الشؤون الجامعية فقد انكمش دور الأساتذة على مر الأيام حتى أصبح اليوم هامشياً تماماً. أصبحت الجامعات بالفعل أبراجاً عاجية بنتها إدارات الجامعات فمنعت الاتصال المباشر بين الأساتذة ومجتمعاتهم، وبين البحث العلمي في الجامعات وصلته باحتياجات مجتمعه. ولا ريب أن الأمر يروق للحكومات العربية فكم منها يا ترى يستعين في أمور الدولة بالخبرة العلمية المكدسة في جامعاتها؟ المعذرة من هذا الاستطراد!

كان التعليم بالطبع باللغة الإنكليزية فكان من الضروري أن أختار لمادة تاريخ العرب الوسيط كتاباً مقرراً فلم أجد في حينه أفضل من كتاب فيليب حتي حول تاريخ العرب والصادر عام ١٩٣٧ فكان عمره ثلاثة وثلاثون سنة عام ١٩٧٠. وجدته في البدء سهل القراءة، رصين الأحكام في الغالب. لكنني سرعان ما اكتشفت فيه بعض العيوب التي ازدادت مع الزمن. كان في الواقع

٧٠

تاريخاً سياسياً عسكرياً لا يلتفت بعمق إلى التاريخ الاجتماعي ولا يلتفت مطلقاً إلى الاقتصادي فكان من الضروري ان أقرر معه عدة مقالات في مجلات علمية لتغطية فجواته. كما أن أسلوبه الإنشائي الأدبي بدأ «يدق على عصبي» كما يقال في الدارج اللبناني فرحت أبحث عن بديل. لم يكن البديل في تلك الآونة متوفراً بسهولة فتاريخ الشعوب الإسلامية لبروكلمان كان بمثابة جبل صخري لا يصعد إليه سوى عتاة المتسلّقين. وكنت في شيكاغو قد مررت بسرعة على كتاب برنارد لويس «العرب في التاريخ» الصادر عام ١٩٥٠ فوجدت فيه في بادىء الأمر بديلاً لا بأس به عن كتاب حتي. رأيت فيه في البداية أسلوباً سلساً ونظرات ثاقبة وتلخيصات مقنعة للعصور المختلفة، لكن سرعان ما لمحت بين سطوره نظرة استعلائية عنصرية خصوصاً التعميمات التي يطلقها حول الحضارة والفكر العربي الإسلامي. وتطور الأمر بلويس على مر السنين فظهرت إلى العيان صهيونيته العمياء في كتبه اللاحقة وكان من دواعي سروري أن كتبه العديدة أضحت منبوذة من جانب المؤرخين الجدّيين في الغرب. فقد سدد إليه إدوارد سعيد رحمه الله سهام نقده وترك «منابره كأمس الدابر». فعدت في المقرر إلى المقالات وإلى بعض النصوص التاريخية العربية المترجمة إلى الإنكليزية والتي كانت، وما تزال، قليلة العدد جداً. وكان بودي أن أجمع بعض هذه النصوص وأترجمها إلى الإنكليزية في كتاب شامل إذ لا وجود لمثل هذا الكتاب في اللغات الأجنبية على ما أعلم لتعريف

العالم على الفكر التاريخي العربي، الإسلامي منه والمسيحي. ولعلني قد أفعل هذا الأمر حين أصل إلى التقاعد، هذا إذا وصلت إليه صحيح الجسد والعقل. ولعل الكتاب الأمثل في هذا المضمار والذي قد احذو حذوه هو كتاب المؤرخ البريطاني الشهير ارنولد توينبي بعنوان «الفكر التاريخي الاغريقي» والذي يضم نصوصاً تاريخية مختلفة تندرج تحت عناوين فرعية كمثل «مقدمات» و«أسباب» و«حجج» و«نقد» و«مشاهدات» و«فن الكتابة» وما شابه.

كانت السبعينيات والأعوام التي تلتها هي الأعوام التي بدأت فيها باقتناء الكتب من المكتبات المختلفة في بيروت ودمشق. وما زلت أذكر بشغف وشوق البعض منها كمكتبة الهيئة المصرية العامة التي كانت في مستودع تحت الأرض في وطى المصيطبة حيث أمضيت الساعات الطوال وكذلك في مكتبة رأس بيروت للصديقة فادية جحا التي نهشها لاحقاً غول البشاعة الإسمنتية كما نهش العديد العديد من مكتبات المدينة ومعالمها. وكانت الطبعات المصرية ما زالت في ذلك الزمن تحافظ على مستوىً عالٍ من دقة التحقيق والطبع رغم ركاكة تجليدها فكان الكتاب سرعان ما يتفكك ويلزمه تجليد فني. وتكونت لديّ على مر الأيام مكتبة لا بأس بها قوامها حوالي ثلاثة آلاف كتاب بين عربي وإنكليزي في الغالب. وحدث أن أغلقت الجامعة أبوابها لفترات طويلة إبان الحرب في لبنان فذهبت إلى قسم تجليد الكتب في مكتبة الجامعة وتعلّمت اصول التجليد وأحضرت إلى منزلي بعض أدوات التجليد البسيطة

وأمضيت أوقاتاً ممتعة في تجليد الكتب التي كانت على وشك التفكك والاندثار، تجليداً لا يمكن أن أسميه فنياً، لكن هذه الكتب ما زالت صامدة ومتينة الخيط وتزين رفوف مكتبتي بغلافاتها المستلّة من البسة عتيقة. التجليد بالفعل هواية جميلة تليق بكل من يحب الكتب ويأسف لرؤيتها تحتضر.

## بدايات النشر

وبدأت رحلتي مع النشر فقد كانت الجامعة الأميركية، وما زالت، تلتزم مع الأساتذة بشعار مستورد من أميركا هو شعار «النشر أو الموت»، فجعلتْ من النشر، وخصوصاً النشر في مجلات اجنبية، أهم مقياسٍ للتدرج في مراتب الأستذة فأضحى ذاك الشعار كالسيف المسلط على رؤوسنا. لا جدال أن البحث العلمي ومواكبته أمر ضروري في التعليم، لكن المؤسف في الأمر أن الصفة الأساسية للأستاذ أي البراعة في التعليم وإيصال المادة إلى ذهن التلميذ وإيقاظ عقله وفضوله لم يكن لها ذات الاعتبار في التدرج والترقية. روى لي يوماً الصديق العزيز كمال الصليبي رحمة الله عليه القصة التالية: «عندما نشرتُ مقالتي الأولى في مجلة استشراقية إفرنسية وهي لائحة بأسماء كبار القضاة في العصر المملوكي تملّكني زهو وفرح شديدان فطفقت أبعث نسخاً من تلك المقالة إلى الأهل والأصدقاء، فإذا بصديقة تقول لي: كل ما فعلت هو أنك نقلت هذه المعلومات من مكان مغمور الذكر ووضعتها في مكان آخر مغمور الذكر». هذا طبعاً حكم جائر إلى حد ما، لكن

ألا يسري هذا الحكم على ما لا يحصى من المقالات الأدبية والعلمية التي توسم بالأكاديمية؟ ومن جهة ثانية اليس عدد الأساتذة في أية جامعة كانت من ذوي البراعة والإبداع في التعليم قليل بل وقليل جداً؟ ولو كان سقراط أو السيد المسيح أستاذين في الجامعة لكانت مرتبتهما في أدنى مراتب الأساتذة هذا إذا احتفظت الجامعة بهما أصلاً، فهما لم ينشرا شيئاً على الإطلاق: «حضرة الأستاذ سقراط، تحية وبعد، يؤسفني أن أنقل إليك أن إدارة الجامعة اتخذت قرارها بالتخلي عن خدماتك وذلك بسبب...... مع أطيب التمنيات لمستقبلك العلمي».

من بين أولى مقالاتي المنشورة مقالة عن الجاحظ ونظريته في تقدم المعرفة والعلوم جعلت عنوانها «جناح بعوضة: آراء الجاحظ في تقدم العلوم»، وقد مر ذكرها أعلاه. وأتبعتها بعد بضع سنوات بمقالة أخرى أوسع شمولاً بعنوان «فكرة التقدم في الإسلام الكلاسيكي». لم أعد أذكر بالضبط مصدر هذا الاهتمام بفكرة التقدم والتطور فلعل السبب الدافع إليه هو ما كنت أجده في كتب بعض المستشرقين من أمثال لويس وفون غرونباوم وغيرهم من أحكام قاطعة تنفي وجود نظريات تُعنى بالتقدم في الفكر العربي وأن هذا الفكر هو في جوهره فكر محافظ يرى أن الإبداع قد انتهى إلى غير رجعة وأن الحكمة قد وجدت ضالتها في القرآن وأن السلف قد فاقوا الخلف في كافة أبواب الفكر. وكان الهدف من كل ذلك ايصال رسالة سياسية مفادها أن العرب والمسلمين لا يتقبلون التنوير

وهم غارقون في لجة التخلف والانحطاط والاستسلام للمصير. كانت هذه الأفكار وأمثالها كتلك التي تتكلم عن شيء اسمه «العقل العربي» شائعة في كتابات مستشرقي تلك الأيام، بل وتسلل الكلام عن «العقل العربي» مع الأسف الشديد إلى كتابات بعض «المفكرين» العرب المعاصرين. وهذه التعميمات السخيفة، وإن خبى بريقها الآن في العالم الغربي فهي ما زالت حية ومزدهرة في الاستشراق الإسرائيلي الذي هو آخر معقل للاستشراق في عالم اليوم. لم أكن أنوي أن «أدافع» عن تاريخ الفكر العربي بل أن استكشف آفاق هذه المسألة وتشعّباتها فحسب. ورحلة الاستكشاف هذه هي التي وجهت كافة أبحاثي اللاحقة مع اختلاف البوصلة والاسطرلاب المستخدم في كل منها.

رجعت إلى الجاحظ في مقالتي الأولى فقرأت كافة كتبه ورسائله تقريباً مع التركيز على كتاب الحيوان، الذي هو كالجبل الشامخ في سلسلة أعمالنا الفكرية، نعود إليه مرة بعد أخرى فنكتشف فيه كل مرة أموراً لم نلمحها من قبل. فهو ليس كتاباً عن الحيوان بقدر ما هو عن الإنسان والطبيعة بشكل عام. أما المعرفة عند الجاحظ فهي حصيلة التجارب التي يراكمها الإنسان ثم يمحصها لاحقاً من خلال العقل. فالجاحظ يميز بين العقل والتجربة فيقول إن العقل المولود متناهي الحدود بينما عقل التجارب لا يوقف منه على حد. ويوضح هذا القول كما يلي: «فينبغي أن يكون سبيلنا فيما بعدنا كسبيل من قبلنا فينا. على أننا قد وجدنا من العبرة أكثر مما وجدوا كما أن من

بعدنا يجد في العبرة أكثر مما وجدنا». وعلى الرغم من أن مسيرة المعارف عند الجاحظ لها كبواتها إلا أن تاريخها ومستقبلها يدلان بوضوح على إيمان الجاحظ بالتقدم الفكري المطرد من جيل إلى جيل.

وكان لا بد لي أن أتطرق أيضاً إلى محيط الجاحظ الفكري وإلى «الخطاب» الفكري السائد في عصره فقد كنت في تلك الآونة، وما زلت إلى اليوم، مشغوفاً بكتاب «أركيولوجيا المعرفة» لميشال فوكو الذي فهمت حوالي عشرة بالمئة منه فقط لكن تلك النسبة الضئيلة كانت كافية لإحداث تأثير عميق في فهمي لتاريخ الفكر. ومن خلال سؤ فهمي لأفكار فوكو رسخت في ذهني إحدى أسئلته الرئيسية في ذاك الكتاب: «ما الذي جعل هذا النص ممكناً؟» فهو سؤال بريء في الظاهر لكنه يفرض على المؤرخ التنقيب المستمر عن علاقة النص بالخطاب المحيط به في الطول والعرض والعمق مما يجعل المؤرخ أقرب إلى عالم آثار ينقب في طبقات مختلفة من أرض ما، ويبحث ليس فقط عما يجمع بل عما يفرق بين طبقة وأخرى، بين خطاب وآخر. ووجدت في فكره أيضاً ما يجمعه مع ابن خلدون الذي يؤكد باستمرار أن «الناس بأزمانهم أشبه منهم بآبائهم»، أي الابتعاد عن البحث عن المصدر والمنشأ والأصل في تاريخ الفكر والالتفات إلى المعاصرة. هل فهمت فوكو بشكل صحيح؟ لا أظن ذلك لكن سؤ الفهم، كما أشرت أعلاه، قد يمتلك من الفائدة ما يمتلكه حسن الفهم في الكثير من الأحيان.

وكانت لي عودة إلى موضوع التقدم في مقالة أخرى جاء ذكرها أعلاه أي «فكرة التقدم في الإسلام الكلاسيكي». كان حقل البحث هنا أوسع بكثير مما في مقالة الجاحظ. وأنا حينما يقع نظري اليوم على المصادر العربية والأجنبية التي رجعت إليها في ذلك البحث ينتابني مسٌ من غرور، فهل قرأت واستوعبت بالفعل هذا الكم الكبير من الكتب ذات الصلة بموضوعي؟ على كل حال، التقدم كما عرّفته في تلك المقالة هو التقدم الفكري: هل تقدمت العلوم والمعارف من الماضي إلى الحاضر وهل ستتقدم في المستقبل؟ وسرعان ما تكشفت لي سطحية بعض آراء المستشرقين حول هذا الموضوع إذ وجدت أن الإيمان بالتقدم كان أمراً شائعاً عند العديد من الأدباء والمفكرين وعلماء الطبيعيات. ووضعت لهذه الفكرة إطاراً زمنياً من ثلاث مراحل: مرحلة «تشاؤم» ومرحلة «تفاؤل» ومرحلة مختلطة بين الأمرين. ورغم الغموض الذي يلف ألفاظاً كالتشاؤم والتفاؤل ورغم التعسف في التقسيم إلى مراحل زمنية، كان هدفي هو لفت النظر إلى مشكلة فكرية شيقة وجديرة باهتمام الباحثين بانتظار من يأتي فيما بعد لاستكمالها.

ما هي أهم المصادر التي عدت إليها في ذاك البحث وما زلت اعود إليها بين الحين والآخر؟ هناك أولاً ابن المقفع (ت.٧٥٠م.) وأدبيه الكبير والصغير. هذا الأديب الارستقراطي النزعة الذي ينتمي إلى العالم الهلينستي، أي الأغريقي/الآسيوي، بقدر ما ينتمي إلى العالم العربي الإسلامي، والذي يمجّد الحضارات القديمة ويجعلها

خاتمة المعارف والعلوم فيقول «وجدنا الناس قبلنا كانوا أعظم أجساماً وأوفر مع أجسامهم أحلاماً وأشد قوة وأحسن بقوتهم للأمور إتقاناً... فكان صاحب الدين أبلغ في أمر الدين علماً وعملاً من صاحب الدين منا وكان صاحب الدنيا على مثل ذلك من البلاغة والفضل... فمنتهى عِلم عالِمنا في هذا الزمان ان يأخذ من علمهم وغاية إحسان محسننا أن يقتدى بسيرتهم... فلم يبق في جليل الأمر ولا صغيره لقائل بعدهم مقال. وقد بقيت أشياء من لطائف الأمور فيها موضع لصغار الفِطَن... فمن ذلك بعض ما أنا كاتب في كتابي هذا». هذا النص مثال على ما قد نسميه «التشاؤم» في النظرة إلى تقدم المعرفة بل حتى إلى التقدم الخَلْقي والخُلُقي. وقد شاع هذا الرأي فاعتنقه البعض كلياً أو جزئياً وخالفه الكثيرون. وقد نصنف هؤلاء كالآتي: فالمعتنقون هم أصحاب الحديث والعديد من الفلاسفة أما المخالفون فهم الأدباء وعلماء الطبيعة وبعض المتكلمين.

ما ألذ أن يعود المرء مراراً إلى هؤلاء وهؤلاء من الأعلام ويستذكر بعض مؤلفاتهم وأفكارهم ويسأل ما تبقى لنا منها في يومنا هذا. فلنتأمل بعض تلك الكتب ونصوصها في هذا الحقل. هناك مثلاً الإمام الغزالي (ت.١١١١م.) وكتاب «القسطاس المستقيم» الذي يقول فيه: «فإن جميع العلوم غير موجودة في القرآن بالتصريح ولكن موجودة فيه بالقوة لما فيه من الموازين القسط التي بها تُفتح أبواب الحكمة التي لا نهاية لها». ليت من يكتب اليوم

ويقول لنا أن آينشتاين موجود في القرآن وداروين في القرآن والقنبلة الذرية في القرآن والمعادلات الرياضية المذهلة في القرآن وإلى ما هنالك من تفاهات، ليتهم يتأملون هذا النص الذي يرى في القرآن مفتاح المعرفة وبدايتها وليس نهايتها، وأن النظريات العلمية أمور تتغير باستمرار فالحكمة لا نهاية لها. وهناك عبد الله ابن المعتز (909م.) الشاعر الفذ وكتاب «البديع» الذي يصرح فيه أنه لم يسبقه أحد إلى جمع فنون البديع وأن الأصالة والبراعة الشعرية لا تقتصر على القدماء بل تشمل المحدثين. وهناك ابن فارس (ت.1004م.) في كتاب «الصاحبي في فقه اللغة»، هذا الكتاب الذي يُعتبر فتحاً في علم الألسنيات إذ يقول: «ولكل زمان علم وأشرف العلوم علم زماننا هذا والحمد لله... ومن الذي قصر الآداب على زمان معلوم ووقفها على وقت محدود؟ ولمه لا ينظر الآخر مثل ما نظر الأول؟ ولو اقتصر الناس على كتب القدماء لضاع علمٌ كثير ولمجت الأسماع كل مردد مكرر». ثم هناك أبو بكر الصولي (ت.946م.) وكتابه «أخبار أبي تمام» الذي هو من أوائل الدراسات الأدبية النقدية والتفصيلية المعقودة لشاعر بمفرده يقول فيه: «اعلم أعزك الله أن ألفاظ المحدثين من عهد بشار إلى وقتنا هذا كالمتنقلة إلى معانٍ إبدع وألفاظ أقرب وكلام أرق... وقلما أخذ أحد منهم معنى من متقدم إلا أجاده وقد وجدنا في شعر هؤلاء معاني لم يتكلم القدماء بها». وهذا ابن عبد البر الأندلسي (ت.1070م.) صاحب كتاب «جامع بيان العلم وفضله» وهو من اوسع ما كتب عن العلم في

تراثنا فيقول: «ولا كلمة أضر بالعلم وبالعلماء والمتعلمين من قول القائل ما ترك الأول للآخر شيئاً» فهو كأنه يرفض بالمطلق ما أتى به ابن المقفع أعلاه. وهذا ابن عبد ربه (ت.٩٤٠م.) في «العقد الفريد» يقول: «ثم إني رأيت آخر كل طبقة وواضعي كل حكمة ومؤلفي كل أدب أعذب ألفاظاً وأسهل بنيةً وأحكم مذهباً وأوضح طريقة من الأول».

هذه النبرة التفاؤلية نجدها شائعة عند الأدباء كما نجدها أيضاً عند العديد من علماء الطبيعة كالبيروني العظيم وسنان ابن ثابت عالم الرياضيات وغيرهم. أما أهل المنزلة بين المنزلتين، أي التفاؤل والتشاؤم، فيحضرني منهم العدد الوافر من الفلاسفة من مدرسة أرسطو. ولعل أهم ما كتب في هذا الموضوع هو «كتاب الحروف» للفارابي (ت.٩٥٠م.)، إذ نجد فيه تاريخاً لمسار العلوم لا نجده لا عند الاغريق ولا عند أي من الأمم السابقة على ما أعلم. إنه تاريخ قد نصفه بالدائري فالعلوم عنده تبدأ بالخطبية والفصاحة وعلم اللغة ثم تنتقل إلى الشعر والتاريخ ثم إلى علوم الطبيعة والرياضيات ثم إلى الجدل والسفسطائية ثم إلى الفلسفة التي تشبه الأفلاطونية إلى أن «يستقر الأمر على ما كانت عليه الفلسفة أيام أرسطو فيتناهى النظر». هذا هو مسار العلوم لدى كافة أمم الأرض. وقد يتغير هذا المسار قليلاً إذا دخل الدين في ذلك المسار فينشأ الفقه أولاً ثم علم الكلام لكن هذه العلوم تبقى سابقة للفلسفة أو على الأقل تابعة للفلسفة نظرياً. لا مجال هنا لتفصيل آراء

الفارابي فهي أكثر تعقيداً مما أوردته هنا لكن دورة العلوم هذه من أعمق ما كتب في هذا الموضوع. ولا ينبغي أن أنتقل من الفارابي إلى غيره دون أن أصرح بإعجابي الشديد بنثره الأدبي الخالي تماماً من أية محسّنات لفظية وأي ترداد أو سجع واي تنميق في الكلام، فكل كلمة من كلامه منتقاة بدقة متناهية، وأسلوبه بالنسبة لي هو المثال الأعلى للنثر العربي العلمي.

ونبقى مع الفلاسفة فنصل إلى ابن سينا (ت.١٠٣٠م.) وابن رشد (ت.١١٩٨م.). لست على اطلاع وافٍ بمؤلفات ابن سينا، واحترامي لصَرحِه الفكري الشاسع يبقى احتراماً عن بُعد فقد قرأت شذرات متفرقة من كتبه لم تكن كافية لخلق رابط «عاطفي» معه. وحول موضوع التقدم نجد عند ابن سينا استقلالية منعشة ومنشطة للفكر في تناول فلسفة أرسطو إذ يقول ما يلي في كتاب «منطق المشرقيين»: «ولا نبالي من مفارقة تظهر منا لما ألِفَه متعلمو كتب اليونانيين إلفاً عن غفلة وقلة فهم مع اعتراف منا بفضل أفضل سلفهم (أرسطو) في إدراكه الحق في كثير من الأشياء... ويحق على من بعده ان يلموا شعثه ويرموا ثلماً يجدونه فيما بناه ويفرعوا أصولاً أعطاها». ثم ينتقد بعنف الذين يدافعون عن نظريات أرسطو وكأنها غير قابلة للتنقيح والإصلاح. ولا بد قبل مغادرته أن أقر بجمال ما كتبه أو أملاه حول سيرته العلمية فهي سيرة ذاتية نادرة في الأدب العربي. أما ابن رشد في رسالته الذائعة الصيت «فصل المقال» فهو يقر للمتقدمين بإرساء قواعد العلوم لكنه يرى أن

«الغرض إنما يتم لنا في الموجودات بتداول الفحص عنها واحداً بعد واحد وأن يستعين في ذلك المتأخر بالمتقدم... فإنه لو فرضنا صناعة الهندسة في وقتنا هذا معدومة وكذلك صناعة علم الهيئة ورام إنسان واحد من تلقاء نفسه أن يدرك مقادير الأجرام السماوية وأشكالها وأبعاد بعضها عن بعض لما أمكنه ذلك». وتبقى رسالة «فصل المقال» أهم دفاع عن الفلسفة في تراثنا الفكري. أما الفيلسوف الآخر الذي وجدته «قريباً للقلب» كما يُقال في العامّية فهو أبو سليمان المنطقي (ت.٩٩٠م.) وهو شيخ أبي حيان التوحيدي (ت.١٠٢٣م.) الذي كرّس لكلام شيخه كتاب «المقابسات». وهو كتاب فاتن يصول ويجول فيه أبو سليمان كلما أتاه سؤال من التوحيدي عن موضوع ما، ويا ليته سأله عن سيرته الفكرية بل الأسئلة كانت كلها أدبية وعلمية وفلسفية بحته. وعن تقدم العلوم كان الرأي الذي ارتضاه ابو سليمان «إن العلوم تقوى في بعض الدهر فيكثر البحث فتغلب الإصابة حتى يزول الخطأ وقد تضعف في بعض الدهر فيكثر الخطأ ويُحرم البحث عنها ويكون الدين حاضراً لطلبها وقد يعتدل الأمر في دهر آخر حتى يكون الخطأ في وزن الصواب». وفي هذا الدوران على ما أعتقد صدىً لآراء الفارابي أعلاه.

يبدو لي إذاً ان الفلاسفة كانوا في الغالب يرون أن مبادىء الفلسفة ومقدماتها وأصولها قد رسخت وأن المطلوب في زمانهم هو تفريع هذه الأصول والنظر في الجزءيات ليس إلا. أما علماء

الكلام فحامل رأيتهم في رأيي هو القاضي عبد الجبار المعتزلي (ت.١٠٢٤م.) وكتابه المتعدد الأجزاء «المغني في أبواب التوحيد والعدل» الذي يحتل في علم الكلام الإسلامي المرتبة التي يحتلها توما الأكويني في اللاهوت المسيحي. وهو كتاب سقراطي الأسلوب أي أنه مبني على الجدل المستمر مع الخصم، فإذا قال كذا قيل له كذا. ما زلت أعود إليه كلما أردت أن أشحذ الذهن المتصدىء أو أن أحمل نفسي بالقوة على فهم حججه ومنطقه، وخصوصاً الجزء الثاني عشر المعقود لـ«النظر والمعارف»، كما شغفت بكتابه الآخر بعنوان «تثبيت دلائل النبوة» الذي يدافع فيه عن النبؤات ضد هجوم أبي بكر الرازي وغيره. لا يجد القاضي أي مانع يمنع من الإقرار بتقدم العلوم التي يرى أنها «تكثر بكثرة النظر في الأدلة» فإذا كثر النظر كثر العلم أما الآية الكريمة ﴿اليوم أكملت لكم دينكم﴾ فهي تعني أن الشارع قد أكمل الشرائع لا الأمور العقلية «بدلالة أنها مما يجب أن يُعرف قبل الكتاب»، وهو بالطبع رأي معتزلي بحت. وهنا لا بد من الإقرار أن تاريخ علم الكلام باسره في الحضارة العربية الإسلامية ما هو إلا بمثابة الهوامش للفكر المعتزلي.

# مقالات متنوعة

تنوعت اهتماماتي كثيراً رغم أنها كانت في الغالب تندرج تحت تاريخ الفكر. غادرتُ فكرة التقدم إلى غير رجعة وانتقلتُ منها في ذلك الزمن في اتجاهين مختلفين في آن معاً. فقد عقدنا في الجامعة الأميركية مؤتمراً دولياً حول «الحياة الفكرية في المشرق العربي: ١٨٩٠ ـ ١٩٣٩» صدر بهذا العنوان عام ١٩٨١ وبتحرير الصديق العزيز مروان البحيري رحمة الله عليه وتُرجم لاحقاً إلى العربية. وساهمتُ في ذاك الكتاب بمقالة عن مجلة «العرفان» لصاحبها الشيخ أحمد عارف الزين وكانت هذه المقالة أولى التفاتاتي القليلة إلى الفكر العربي الحديث. وجدت في تلك المجلة كنزاً من المعرفة حول النهضة الفكرية في جبل عامل في الثلث الأول من القرن العشرين: من التاريخ والأدب، من النثر والشعر، فكأنها مرآة فكرية لإقليمٍ بأسره ولمشاكله وهمومه واهتماماته الثقافية وعقيدته القومية. نعم، إن المجلات الأخرى في تلك الحقبة كـ«الرسالة» مثلاً أو «الثقافة» أو «المقتطف»، وهي مصرية، كانت تغطي مساحة أوسع من الوطن العربي ومن العالم، لكن «العرفان» استعاضت عن

العرض بالعمق رغم أنها كانت تنشر أخباراً عن العراق وإيران بين الحين والآخر. كان الجبل العاملي هو المحور وكتّابها عامليون في الغالب يعكسون تذمراً واسعاً من سيطرة الإقطاع وتشبثاً بقوميتهم العربية ورفضهم للانتداب الإفرنسي ومواهبهم الشعرية. وإذا أردنا لتاريخنا العربي ان يُكتب بالصِغْري وليس فقط بالكِبرْي (macro/ micro) فلن نجد على امتداد البلاد العربية على ما أعتقد ما يضاهي هذه المجلة في غناها التاريخي.

في العام ١٩٨١ صدر عن الجامعة الأميركية كتاب تكريمي للدكتور إحسان عباس رحمه الله ساهمتُ فيه بمقالة بعنوان «فكرة المدينة في صدر الإسلام». ولعل الباعث على اهتمامي بهذا الموضوع كان أيضاً بعض آراء المستشرقين الذين نفوا عن المدينة العربية الإسلامية صفة المدينة الحقيقية أو الطبيعية إذ كانت في رأيهم مجرد تجمع عشوائي للسكن ولا تمتلك الوحدة والاستقلالية اللازمة للمدن. من الواضح أن هذا الرأي كانت له خلفية سياسية شبيهة بما جاء أعلاه عن فكرة التقدم أي أن المدن العربية «شوّهت» ما سبقها من مدن تماماً كما شوهت الحضارة العربية الإسلامية ما سبقها من حضارات (كما جاء في كتاب «الهاجرية» لبتريسيا كرونه ومايكل كوك مثلاً). وكان أحد أهم حاملي فكرة المدينة العربية العشوائية هو المستشرق سموئيل ستيرن الذي كان يمت بصلة القرابة لأفراهام ستيرن مؤسس عصابة ستيرن اليهودية الإرهابية في فلسطين. وكان غيره من المستشرقين كمثل زافييه دو بلانول يرى

أيضاً أن التراث العربي الإسلامي لا يمتلك فكرة واضحة عن ماهية المدن. ولا ريب أن هؤلاء المستشرقين كانوا يرون أن المدينة الأوروبية في القرون الوسطى والحديثه هي المثال والمقياس الذي يُقاس عليه مدى اقتراب أو ابتعاد مدينة ما عن المدينة الحقيقية أو الطبيعية. وقد عفى الزمن بالتدريج عن هذه النظرة الأوروبية المركز في كتابات معظم المستشرقين وإن لم تزل تتردد بين الحين والآخر في الخطاب الغربي السياسي. وفي اعتقادي أن علماء الإنثروبولوجيا هم أكثر من ساهم في تصويب تلك النظرة الضيقة عند المستشرقين.

فتح هذا البحث امامي باباً واسعاً من الكتب الجغرافية والأدبية التي أصبحت لاحقاً من «ندمائي» أعود إليها بفرح واشتياق. وسرعان ما تبين لي وجود طيف واسع جداً من الآراء حول المدينة في تراثنا الديني والأدبي لا مجال هنا لذكرها سوى القول إنها تتراوح بين فكرة المدينة في المطلق وبِنية المدينة في الواقع، ولعلها بمجملها من أكثر الآراء غنىً حول المدينة من بين حضارات عالم ما قبل الحداثة. وكأني ببعض المستشرقين يدرسون العربية على امتداد السنين ثم يكتفون ببعض النصوص التي ألموا بها زمن الدراسة فيطلقون على أساسها احكاماً وتعميمات فضفاضة لا تستند إلى استعراض وافٍ للمصادر. كنت يوماً مدعواً على الغذاء من جانب مستشرق معروف في إحدى أهم جامعات بريطانيا فسألني ماذا أقرأ هذه الأيام فأجبته إنني انتهيت للتو من قراءة تاريخ ابن

خلدون (بمجلداته العشر) فانتفض مذعوراً ونادى أحد زملاءه قائلاً: «تعال واسمع ما يقول ضيفنا. لقد قرأ تاريخ ابن خلدون بأكمله!» استغربت ردة فعله في البدء لكنني استنتجت لاحقاً أن الأمر بالنسبة له إنجاز قد يستغرق الأشهر بل لربما السنوات، أما بالنسبة إلى مثقف عربي عادي فقراءة تاريخ ابن خلدون أمر لا يستغرق سوى أسبوعاً أو أسبوعين على أبعد تقدير.

وكان المسعودي وبسبب اهتماماته الجغرافية العميقة قد سبق وعرّفني على العديد من الجغرافيين العرب قبل زمانه وبعده. لكن أبرزهم في نظري اليوم وأكثرهم لذة للقارىء ثلاثة: المقدسي البشاري (ت.١٠٠٠م.) والشريف الإدريسي (ت.١١٦٥م.) وياقوت الحموي (ت.١٢٢٩م.). حين نقرأ كتاب «أحسن التقاسيم في معرفة الأقاليم» للمقدسي نحسبه معاصراً لنا، إذ كثيراً ما يكشف خبايا نفسه كما وآراءه الشخصية في كافة مشاهداته وأسفاره، وذلك بأسلوب مَرِح يقترب في بعض الأحيان من الاستهزاء بالنفس. يقول لنا مثلاً في مقدمة كتابه إنه وبسبب أسفاره في كافة أرجاء الممالك الإسلامية قد اكتسب أسماء عديدة «دُعيتُ وخوطِبتُ بها مثل مقدسي وفلسطيني (ينبغي أن نضع سطراً تحت هذه الهوية) ومصري ومغربي ومقرىء وفقيه وصوفي... وإمام ومؤذن وخطيب... وراكب ورسول وغريب وعابد وزاهد وورّاق ومجلّد وتاجر»، ومجموعها ستة وثلاثين إسماً تبدو وكأنها جولة في هويّات العصر العباسي أو سلسلة من الهويّات المضحكه التي لبسها

أو التي لزمته فكأنه أبو الفتح الإسكندري في مقامات بديع الزمان الهمذاني. والمعلومات التي يسوقها للأقاليم المختلفة مزيج من الدقة الإحصائية ومن النفحة الأدبية التي ترمي إلى تصوير طبيعة المدن والأرياف بصورٍ تنبض بالحياة، كما مثلاً في وصفه لمسقط رأسه بيت المقدس ولمدن فلسطين الكبرى. كما تتخلل أوصافه الكثير من الأحاديث التي جرت بينه وبين الناس في مختلف الأقاليم التي زارها فتضفي على نصه مسحة شخصية وإنسانية حيّة فكأنه يريد لقارئه أن يصحبه في أسفاره ويسمع ما سمعه ويشاهد ما شاهده. والمقدسي يهتم كثيراً بتعريفات المدينة كما وبتعريف ما نسميه اليوم «العاصمة»، وعلاقة المدينة بالريف وغير ذلك، سعياً للوصول إلى تعريف مجرّد ونظري الطابع لكل هذه الألفاظ الجغرافية.

أما الشريف الإدريسي وكتابه «نزهة المشتاق في اختراق الآفاق»، والذي يُعرف أيضاً بـ«كتاب روجار» نسبة إلى روجار الثاني ملك صقلية، فقد كان عالماً مكرّماً في بلاط روجار وأهدى إليه هذا الكتاب وأسبغ عليه جزيل الثناء. كان روجار ملكاً متنوراً يحترم الحضارة العربية الإسلامية احتراماً عميقاً، واستقطبت صقلية في عهده العديد من العلماء والشعراء والمعماريين المسلمين. كنت في رحلة إلى صقلية في العام ٢٠٠٠، فزرت كاتدرائية بالرمو الكبرى التي بدأ البناء بها أيام روجار، فإذا بي أجد لوحة حجرية على أحد أعمدة بوابتها نُقشت عليها سورة الفاتحة، فوجدت في

الأمر مثالاً رائعاً للتعايش بين الأديان، فيا ليتها تُتخذ صورةً رمزية لحوار الأديان في يومنا الراهن. أعود إلى الإدريسي. لا جدال أن كتابه صرحٌ جغرافي عظيم الأهمية بل لعله أهم كتاب في جغرافيا العالم في العصور الوسطى بأسرها. فالمقدسي مثلاً ورغم أهميته يقتصر في كتابه على ممالك الإسلام أما الأدريسي فهو يجول في أقاليم الأرض السبعة ويصف كل منها وصفاً مفصلاً ودقيقاً يستند إما إلى المشاهدة والمعاينة الشخصية أو إلى معلومات موثوقة مستمدة من التجار واهل الأسفار وغيرهم. أما العجائب فلا يخلو أي كتاب في الجغرافيا منها، فهي تدل على مقدرة الخالق على خلق ما يشاء وغايتها إثارة الإعجاب والاستعبار لدى القارىء من تلك القدرة الإلهية، ولربما كان للتسلية الأدبية أيضاً دور في هذا الأمر. لكن الإدريسي صارم في انتقاء مواده وليس للعجائب دور يُذكر في كتابه. فهو ينتقل كالمسافر من بلد إلى آخر في كل إقليم ويحدد المسافات بينها ويصف طبيعة كل مدينة وإقليم «مع ذكر أحوال أهلها وهيئاتهم وخلقهم ومذاهبهم وزيهم وملابسهم ولغاتهم» ويأتي كذلك على ذكر الثروة المعدنية والنباتية والحيوانية في كل منها والصناعات والتجارات التي تُجلب منها. هذا الغنى العظيم في المعلومات جذب اهتمام العديد من الباحثين من الشرق والغرب الذين نشروا الكثير من الأبحاث حولها بدءاً بما يرويه الإدريسي عن اسكوتلندا ومروراً بما يرويه عن بولونيا وبريطانيا ثم فنلندا وألمانيا وبلغاريا وإيطاليا والأندلس وصولاً إلى ما يرويه عن

الهند، ناهيك عن معلوماته القيمة جداً عن ممالك إفريقيا وعن جزر الملايو التي لم تحظ حتى اليوم بما تستحقه من الاهتمام العلمي على ما أعتقد.

ونأتي إلى ياقوت الحموي و«معجم البلدان». كان عصر ياقوت عصراً بدأت تظهر فيه المعاجم في مختلف الحقول، ولعل أكثرها شهرة هي معاجم اللغة والتي كان «لسان العرب» لابن منظور (ت١٢٣٢م.) كالدرة في تاجها. ولربما كان السبب من وراء ظهور هذه المعاجم أن العلوم العربية الإسلامية في ذلك العصر، أعني القرنين السادس والسابع للهجرة (الثاني والثالث عشر م.)، كانت قد وصلت إلى إحدى ذُراها التاريخية فأصبحت الحاجة ماسة إلى الاستعادة وشمول النظر والترتيب والتصنيف والتصحيح. وهكذا نجد أن ياقوت في مقدمة معجمه الشهير يذكر أصنافاً متعددة من العلماء الذين يرى أنهم بحاجة إلى ضبط أسماء الأماكن والبقاع فمنهم أصحاب الحديث والسِير والفقه والتواريخ والحكمة والطب والتنجيم والأدب واللغة والشعر وإلى ما هنالك من أصناف العلوم. ويفصّل في كل علم منها ما هي تلك الحاجة ثم يرتب الأماكن استناداً إلى حروف المعجم لتسهيل الفائدة والاستخدام. ثم يردف ذلك بسرد طويل وهامّ لما وصل إليه علم الجغرافيا في زمنه يتضمن آخر النظريات في هذا الحقل كالتي طرحها البيروني على الأخص وحمزة الأصفهاني وغيرهم مع استعراض مطول لآراء

الفرس والإغريق. ويأتي في خاتمة المقدمة ليحدد معاني بعض المصطلحات المستخدمة في هذا العلم منعاً لسوء الفهم.

وحين نصل إلى المعجم ذاته نجد أن كل مكان أو مدينة تحتوي على ذات النسق من المعلومات التي هي أولاً ضبط اللفظ ثم اشتقاق الاسم و«بماذا اختص من الخصائص وما ذكر فيه من العجائب وبعض من دُفن فيه من الأعيان والصالحين ونُبذاً مما قيل فيه من الأشعار... وفي أي زمان فتحه المسلمون... وهل فتح صلحاً أو عنوةً... ومن ملكه في أيامنا هذه». لكن الأمر لا يقتصر على المعلومات المبوبة فحسب، بل نجد في طيات الكتاب العدد الوافر من التأملات الجغرافية والتاريخية التي تشي بعقل نير يمعن في التفكير في مادته. فها هو ينظر في قصة الإسكندر تحت باب «الإسكندرية» في المعجم ليقول: «قال أهل السير إن الإسكندر بن فيلفوس الرومي قتل كثيراً من الملوك... ووطىء البلدان إلى أقصى الصين وبنى السد وفعل الأفاعيل ومات وعمره اثنتان وثلاثون سنة...لم يسترح في شيء منها. قال مؤلف الكتاب: وهذا إن صح فهو عجيب مفارق للعادات والذي أظنه... أن مدة ملكه أو حدة سعده هذا المقدار... فإن تطواف الأرض بسير الجنود مع ثقل حركتها... ومصابرة من يمتنع عليه من أصحاب الحصون يفتقر إلى زمان غير زمان السير ومن المحال أن تكون له همة يقاوم بها الملوك العظام وعمره دون عشرين سنة وإلى أن يتسق ملكه

ويجتمع له الجند... وتحصل له رياسة وتجربة وعقل يقبل الحكمة التي تُحكى عنه يفتقر إلى مدة أخرى مديدة، ففي أي زمان كان سيره في البلاد ثم إحداثه ما أحدث من المدن؟» يستطرد ياقوت ليقول إن التتر في زمانه استطاعوا في سنين قليلة أن يخرجوا من تخوم الصين ويدوّخوا العالم ويخربوا نصف الممالك الإسلامية وهذه الحادثة قد تبدو وكأنها تعاضد قصة الإسكندر إلا أن الإسكندر كان يبني المدن فيما التتر كانوا يخربونها والبناء يستغرق من الوقت أكثر من الخراب. ومثل هذه التأملات والشكوك كثيرة في المعجم خصوصاً عندما تطال القصص التي يعتبرها ياقوت خارقة للعادة أو المنطق. فهو لا يحجم عن التهكم على مؤلف عظيم الشأن كالخطيب البغدادي (ت.١٠٧١م.) وكتابه «تاريخ بغداد»، إذ يذكر فيه البغدادي أن الخليفة العباسي المنصور بنى قبة خضراء وعلى رأسها صنم على صورة فارس في يده رمح، فإذا وجدوا أن الصنم قد استقبل بعض الجهات ومد الرمح نحوها علموا أن بعض الخوارج قد ظهروا من تلك الناحية، ولا يطول الوقت حتى ترد الأخبار بأن خارجياً قد هجم من تلك الناحية. كذا في البغدادي. ويعلّق ياقوت كالآتي: «قلت أنا: هكذا ذكر الخطيب وهو من المستحيل والكذب الفاحش وإنما يُحكى مثل هذا عن سَحَرة مصر... التي أوهم الأغمار صحتَها تطاولُ الأزمان والتخيل أن المتقدمين ما كانوا بني آدم... ولو كان كلما توجهت إلى جهة

٩٥

خرج منها خارجي لوجب أن لا يزال خارجي يخرج في كل وقت لأنها لا بد أن تتوجه إلى وجه من الوجوه». وخلاصة الأمر أن هؤلاء الجغرافيين لم يهتموا فقط بالتعريف عن المدن المختلفة في العالم الإسلامي بل كان لهم اهتمام عميق بفكرة المدينة وعلاقتها بالريف وأنظمة المدينة وتطور الحياة فيها، وهو موضوع وصل إلى ذروته عند ابن خلدون.

وكان من بين أولى مقالاتي المنشورة مقالة حول كتب الطبقات والتي كانت في الأصل بحثاً قدمته في حلقة دراسية أيام الدكتوراة فرجعت إليه لاحقاً فنقّحته وزدت فيه حتى اضحى صالحاً للنشر. وأنا حين أعود إلى بعض تلك المقالات التي نُشرت قبل أربعين عاماً ونيف، أسترجع ما قاله لي أحد أساتذتي في جامعة شيكاغو وهو الحذر من مغبة النشر المبكر، أي ما يسميه الجاحظ «الرأي الفطير». فهل أنا حقاً راضٍ اليوم عن ما نشرته من مقالات في ذاك الزمن السحيق؟ لكنني غالباً ما أجد السلوى في بيت المتنبي الشهير: «خُلقتُ ألوفاً لو رجعت إلى الصبا/ لفارقت شيبي موجع القلب باكياً». ذلك كان مبلغي من العلم يومئذٍ، فلا فائدة تُرجى للشخص الألوف من التحسّر ومن مفارقة الشيب، غير أنني دائماً ما أحذّر تلامذتي اليوم من «الرأي الفطير». وفيما يختص بكتب الطبقات لا بد من الإقرار أنها من أجلّ ما خلفته لنا حضارتنا العربية فهي بمجملها تؤرخ لعشرات الألوف، بل لربما لمئات الألوف من

الناس من الخاصة والعامة، ومن الرجال والنساء، لتمنح هذه الحضارة بُعداً إنسانياً لا مثيل له في الحضارات الأخرى. فهذا الكمّ الهائل من السِيَر الفردية يشبه صالةً للعرض شاسعة الأرجاء تُعرض فيها صورٌ نابضة بالحياة، وكأنها سينمائية، للمسلمين والمسلمات (وللمسيحيين أيضاً، خصوصاً في طبقات الحكماء) وحيواتهم في شتى الأزمنة والأماكن وشتى مناحي الحياة.

وكتب الطبقات تنقسم إلى أقسام عدة فمنها مثلاً ما يؤرخ لفئات معينة كجيل الصحابة والتابعين كما في طبقات ابن سعد (ت.٨٤٥م.)، وطبقاته هي بمثابة الأم لكُتب الطبقات اللاحقة. ومنها ما يؤرخ للأعيان في كافة الحقول كما في «وفيات الأعيان» لابن خلكان (ت.١٢٨٢م.) و«الوافي بالوفيات» للصفدي (ت.١٣٦٣م.). ومنها ما يختص بالأطباء كمثل «عيون الأنباء» لابن أبي أصيبعة (ت.١٢٧٠م.) ثم ما يختص بالحكماء، أي الفلاسفة وعلماء الطبيعة، كمثل «أخبار العلماء» للقفطي (ت.١٢٤٨م.)، ومنها ما يختص بالمدن مثل «تاريخ بغداد» للخطيب البغدادي، و«تاريخ دمشق» لابن عساكر (ت.١١٧٥م.) ومنها تلك التي تؤرخ لقرن واحد من الزمن مثل «الدرر الكامنة» لابن حجر العسقلاني (ت.١٤٤٩م.) ومنها ما فيه بعض الغرابة كمثل «نكت الهميان» و«الشعور بالعور» للصفدي المخصصان للعميان والعور على التوالي. وفي هذه الكتب من المعلومات الاجتماعية ما يقتضي

دراستها بواسطة الحاسوب لاستخلاصها وفرزها. كما أن فيها الكثير مما يفيد الباحث العصري الذي يتتبع مثلاً مخيلةَ عصرٍ ما كالمناقب والمثالب السائدة في ذاك العصر وإلى ما هنالك من بِنيات ذهنية مختلفة. لكن، ومع حلول القرن التاسع عشر، طرأت تحولات اجتماعية واقتصادية عميقة على دنيا العرب كان من شأنها أن تمزق شبكات التواصل بين العلماء وتضع بالتالي حداً لهذه السلسلة من كتب الطبقات الفريدة من نوعها بين الحضارات. أمنيتي هي أن تُبعث كتب الطبقات من جديد بعد أن دخلنا اليوم إلى عصر شبكة المعلومات العالمية التي لا ريب أنها تيسّر مهمة تجميع المعلومات حول أصحاب التراجم.

وفي العام ١٩٧٥ اندلعت الحرب الملعونة في لبنان وطني الثاني الذي غرستُ فيه كما غيري من الفلسطينيين جذوراً عميقة من الولاء والمحبة والصداقات والذكريات، فشدّتني تلك الحرب مجدداً نحو الحاضر المفجع: كيف وصلنا إلى هذه الكارثة؟ ومن كارثة لبنان رجعت بالفكر والوجدان إلى كارثة فلسطين وتاريخها في القرن العشرين وهو القرن الذي شهدت بداياته ظهور المشروع الصهيوني في دنيا العرب بشكل لم يعد خافياً على أحد. فكان السؤال الذي أقلقني هو، كيف فهم الفلسطينيون تاريخهم ما بين بدايات القرن وبين عام الكارثة ١٩٤٨؟ كيف نقيّم كتابة التاريخ في فلسطين في فترة ما قبل الهاوية؟ عدت أولاً إلى الفضاء الثقافي في

ذلك الزمن فلم أجد له تاريخاً متخصصاً سوى تاريخ عدنان أبو غزالة بالإنكليزية بعنوان «القومية الثقافية العربية في فلسطين» الصادر عام ١٩٧٣، ثم مقالة بالإنكليزية ظهرت عام ١٩٧٧ بعنوان «كتابة التاريخ في فلسطين» للمستشرق الإسرائيلي يهوشوا بوراث. ووقعت مؤخراً على أطروحة ماجستير في جامعة جورجتاون للعام ٢٠١١ بعنوان «كتابة التاريخ عند العرب في فلسطين تحت الانتداب، ١٩٢٠ إلى ١٩٤٨» بقلم زاكاري فوستر. المقالة الأولى لبوراث تحفل بالتعميمات السطحية حول كتابة التاريخ عند العرب عموماً وتصف الكتابة التاريخية في فلسطين بأنها تفتقر إلى «النضج» أما أطروحة فوستر فتهدف إلى الإثبات أن الهوية الفلسطينية لم تبرز إلى الوجود إلا في ثلاثينيات القرن المنصرم أي إبان الثورة الكبرى. والغايات السياسية الكامنة من وراء هاتين الدراستين واضحة للعيان ولا داع لتبيانها.

بدايات الكتابة التاريخية الفلسطينية في القرن العشرين تبدأ مع مفكّرين اثنين ينتميان في الفكر والأسلوب إلى عصر النهضة في القرن التاسع عشر وهما روحي الخالدي (ت.١٩١٣م.) وبندلي الجوزي (ت.١٩٤٣م.). وكانت تلك النهضة قد قرّبت الشأن الأوروبي إلى المفكرين العرب بالإضافة طبعاً إلى التوسع الاستعماري الأوروبي بما في ذلك الحركة الصهيونية. ونجد في كتابات هاذين المقدسيّين («المقدمة في المسألة الشرقية» للخالدي و«من تاريخ الحركات الفكرية في الإسلام» للجوزي) أولى

التحليلات النقدية الثاقبة للاستشراق في العالم العربي والتي استمرت فيما بعد في كتاب «يقظة العرب» لجورج أنطونيوس وتُوِّجت في كتاب «الاستشراق» لإدوارد سعيد. ونجد في كتابات نجيب نصار (ت.١٩٤٨م.) والخالدي أولى الدراسات العلمية حول الصهيونية وأخطارها المحدقة بفلسطين والوطن العربي. كان الجوزي رائداً من رواد تاريخ الفكر العربي في سياقه الاقتصادي والاجتماعي، أما الخالدي في كتابه عن الصهيونية فهو يكتب تاريخاً بارعاً ليهود أوروبا الشرقية والإمبراطورية العثمانية ثم يدون انطباعاته الشخصية عن النشاط الصهيوني في إسطنبول في أيامه، ويعرّف الصهيونية بأنها «اليهودية الأُخروية» أي التي تُعنى بنهاية العالم وعلامات الساعة وإلى ما هنالك. لذا يمكن القول إن الكتابة التاريخية في فلسطين كانت الرائدة في محيطها العربي في وعيها للاستشراق الأوروبي والذي كانت الصهيونية، وما زالت إلى يومنا هذا، إحدى بؤره الأساسية.

وما إن جثم الانتداب البريطاني ومعه شبه الانتداب الصهيوني على فلسطين حتى نشط جيل فلسطيني جديد لفهم الواقع ولوضعه في نصابه التاريخي والقانوني. واتجه هذا الجيل نحو مِهَنٍ أبرزها بالنسبة إلى المؤرخين التعليم والقانون والصحافة فكان جُلّهم من أصحاب هذه المهن. وانصبت كتاباتهم على بضع مواضيع رئيسية منها تاريخ فلسطين وتاريخ الصهيونية وتاريخ الإسلام والعرب وتاريخ المدن الفلسطينية كغزة والقدس والناصرة وغيرها، وتاريخ

الريف الفلسطيني، ثم تحقيق ونشر الكتب التراثية ذات الصلة بفلسطين. أما الأمر الذي شحذ الهمم للكتابة التاريخية فكان، بالإضافة إلى وطأة الانتدابين البريطاني والصهيوني، كفاح الدول العربية من حول فلسطين لنيل الاستقلال. ولعل أهم سجل تاريخي لهذا الكفاح وما عناه لفلسطين هو في مذكرات عزة دروزة المذكورة بالتفصيل أدناه.

من الطبيعي ان نجد في بعض الكتابة التاريخية نبرة عالية الصوت، هجومية كانت أم دفاعية، فهي كتابات كُتبت تحت سفح بركانٍ اشتدّ لهيبه وتطايرت حممه مع مرور الزمن. وكان من الضروري لفت انتباه الوطن العربي إلى ان ذلك البركان يهددهم بقدر ما يهدد فلسطين وأهلها. ولعل أبلغ ما جاء في هذا الصدد هو ما كتبه جورج انطونيوس في خاتمة كتابه «يقظة العرب» (١٩٣٨): «إن منطق الوقائع الراهنة أمر لا سبيل لحرفه عن مساره وهو يبيّن أن لا مكان في فلسطين لأمةٍ أخرى إلا بطرد أو استئصال الأمة المالكة للأرض،» فهو يؤرخ لنشوء ومسيرة القومية العربية ولخيانات المستعمرين المتلاحقة ويحذّر العرب في الوقت ذاته من الانفجار القادم.

لن أذكر هنا سوى بعض المؤلفات التي أراها تمثل المناحي المختلفة للكتابة التاريخية فمنها مثلاً تاريخ الناصرة للقس أسعد منصور (ت.١٩٤١م.) وتاريخ غزة لعارف العارف (ت.١٩٧٣م.)

وتاريخ جبل نابلس والبلقاء لإحسان النمر. يتميز تاريخ منصور باستخدامه لوثائق العائلات في الناصرة ولتحليله الدقيق للشؤون السياسية والكنسية في المدينة أما العارف والذي سطّر أيضاً تواريخ للحرم القدسي ولبئر السبع فهو يرى أن تاريخ غزة العربي سابق لتاريخها في الإسلام. وكتاب النمر سجل غني لتاريخ إقليم بأسره يبرز دور العائلات الإقطاعية الكبرى ويستند هو الآخر إلى الأرشيفات والوثائق الأصلية. هذه الكتب جميعها تحفظ لنا جزءاً هاماً من وثائق التاريخ الأصلية والتي تكتسب أهميتها من كونها قد نجت من التدمير الإسرائيلي الممنهج لمكتبات ومحفوظات الشعب الفلسطيني. وهذه التواريخ تبدو وكأنها ترمي إلى ما يشبه المسح الجغرافي والتاريخي لأرض فلسطين فهي تحوي معلومات طوبوغرافية وإثنوغرافية بالغة الأهمية.

ودار صراع في مدارس فلسطين بين سلطات الانتداب والكتب المقررة رسمياً والتي أبرزت التاريخ الأوروبي والبريطاني وأهملت تاريخ العرب وبين أساتذة التاريخ الوطنيين الذين جهدوا لإبراز التاريخ العربي. وكان هذا الصراع ذا أهمية كبرى لكلا الفريقين ونجح الوطنيون إلى حد بعيد في مساعيهم إذ نلمح هذا الأمر حين نقارن بين كتب التاريخ المقررة في العشرينيات وكتب الثلاثينات. كما أن هذه الكتب تحتل مكاناً بارزاً بين كتب التاريخ المقررة في البلاد العربية الأخرى في ذلك الزمن وذلك بسبب صحة ودقة معلوماتها وسهولة أسلوبها ورسومها التوضيحية والتزيينية.

أما الريف الفلسطيني فتاريخه يتجلى في مؤلفات كمثل «بلدانية فلسطين العربية» للأب مرمرجي الدومينيكي (ت.١٩٦٣م.) و«أهل العلم والحكم في ريف فلسطين» لأحمد سامح الخالدي (ت.١٩٥١م.) وكلاهما على شكل مُعجمي فكأن الهدف هو ترسيخ الأرض وأهلها في المخيلة والضمير الوطني. ولا بد من الإشارة هنا إلى دراسات إثنوغرافية لا تنتمي إلى الكتابة التاريخية مباشرة بل لها أهمية تاريخية عميقة لفهم الريف الفلسطيني وأعني بها دراسات توفيق كنعان (ت.١٩٦٤م.) وأسطفان حنا أسطفان وعمر الصالح البرغوثي (ت.١٩٦٥م.) التي تتناول مواضيع كمثل «الأولياء وأضرحتهم في فلسطين» و«الحيوان في التراث الشعبي الفلسطيني» و«القضاء عند البدو». ونسمع في هذه الكتابات صوت المؤرخ الثقافي الذي يسعى إلى توثيق الجذور التاريخية العميقة للمجتمع الفلسطيني الذي كانت الدعاية الصهيونية ترمي إلى تقويض ثقافته بالكامل.

لا يتسع المجال هنا لذكر المزيد من أسماء واعمال المؤرخين الفلسطينيين لكن بإمكان القارىء العصري أن يعثر على العديد منهم في كتاب يعقوب العودات بعنوان «أهل الفكر والأدب في فلسطين» وهو عمل موسوعي بارز يبذل بعض الأصدقاء الآن جهوداً مشكورة لتوسيعه وطبعه من جديد.

# السيد المسيح
# في التراث العربي الإسلامي

وفي الثمانينات بدأت أنجذب إلى السيد المسيح وإلى تراثه في الأدب العربي الإسلامي. وهنا أيضاً لا أدري سبب ذاك الاهتمام: هل هو الحنين الدائم إلى مسقط رأسي أي إلى بيت المقدس حيث يجاور الأقصى القيامة؟ هل ساهمت الحرب الدائرة في لبنان العزيز آنئذٍ قي تأجيج ذاك الحنين؟ وهل يمكن لأي فلسطيني أن لا يكون مسلماً ومسيحياً ويهودياً (معادٍ للصهيونية) في آن معاً؟ على كل حال، كنت ومنذ أيام المدرسة الداخلية في إنكلترا على اطلاع لا بأس به على كتب العهد الجديد رسّخه الحضور اليومي الإلزامي في كنيسة المدرسة وترتيل الترانيم الدينية وخصوصاً تراتيل عيد الميلاد التي ما زلت أرتّلها إلى يومنا هذا. لكن السبب المباشر كان أنني كنت أقع بين الفينة والأخرى على بعض الأقوال المنسوبة إلى السيد المسيح في كتب الأدب وغيرها مما لا شبيه له في الأناجيل الاربعة. من أين جاءت هذه الأقوال؟ هل اخترعها علماء المسلمين ولماذا؟ أسئلة لم تجد جواباً في حينه لكنني ثابرت على تجميعها

على كل حال وشجعني أحد الأصدقاء على جعلها كتاباً بعنوان «المسيح المسلم» صدر أخيراً في العام ٢٠٠١ في سلسلة كان يشرف عليها الراحل إدوارد سعيد، رحمه الله، وبتشجيع كبير منه. كان اهتمامي في البداية منصباً على الدور الذي لعبه السيد المسيح في المناظرات السياسية والأخلاقية التي جرت بين المسلمين في عصور الإسلام الأولى، وتطلب الأمر الغوص بعمق في كتب الزهد والحديث والكلام لتبيان طريقة استخدام تلك الأقوال في هذه المناظرات. وتبين لي أن هذه الأقوال لعبت بالفعل دوراً هاماً عند بعض الفرق الإسلامية التي رأت فيها دعماً قوياً لطروحاتها، كما تبين لي أيضاً من دراسة الأسانيد أن مدينة الكوفة كانت على الأرجح الموطن الأول لتلك الأقوال، ولربما لقربها من مدينة الحيرة التي كانت مركزاً مسيحياً كبير الأهمية في عراق ما قبل الإسلام.

هذه القصص والأقوال نقع عليها في مصادر أدبية إسلامية متعدده: في كتب الأدب وكتب الزهد والرقائق وكتب الأخلاق والفقه والكلام والتصوف والتاريخ كما نقع عليها عند البعض من أهم مفكري الحضارة الإسلامية كالجاحظ وابن قتيبة وخصوصاً الغزالي. أما مصدر تلك الأقوال فهو سؤال يصعب الجواب عنه. فالبعض من هذه الأقوال يشبه ما نجده في الأناجيل الأربعة والبعض يشبه أقوال الحكماء من حضارات الشرق الأدنى والبعض يشبه الأناجيل الغنوسطية أو المنحولة، والبعض لا يمكن تحديد

مصدره إطلاقاً. لكنها جميعها تشي بإعجاب وإجلال إسلامي عميق لمن يسميه الغزالي «نبي القلب»، وجميعها تليق بالمسيح وتُنسب إليه بفائق الاحترام والمحبة. وإذا كان لي أن أتمنى مجدداً فأمنيتي أن تأخذ هذه الأقوال طريقها إلى الحوار الإسلامي المسيحي للتأكيد على ما يجمع هاتين الديانتين لا ما يفرقهما. والحوار هذا هو في نظري بامس الحاجة إلى أن نقرأ معاً نصوصنا المقدسة ومن بينها هذا السجل التاريخي الحافل من القصص والأقوال، كما وأن يتضمن هذا الحوار ما جاء عن السيد المسيح عند بعض أهم شعراء العرب المسلمين المعاصرين كمثل بدر شاكر السياب ومحمد الفيتوري ومحمود درويش وغيرهم. ولربما من المجدي في هذا المضمار أن نقارن ما جاء في التراث اليهودي (التلمود تحديداً) حول السيد والتشويه الشنيع لسيرته بما جاء عنه في تراث الإسلام من محبة وتعظيم.

## فكرة التاريخ عند العرب

في العام الجامعي ١٩٨٥ ـ ٨٦ الذي أمضيته كباحث زائر في جامعتي القديمة، أي أكسفورد، عقدت العزم على الشروع في التخطيط لكتاب شامل يتناول مفهوم التاريخ وكتابته عند العرب من القرآن وصولاً إلى ابن خلدون. كان الموضوع بالنسبة لي طبيعياً بمعنى أن أطروحتي عن المسعودي والبعض من مقالاتي السابقة انصبت على هذا الموضوع بشكل مباشر أو غير مباشر. ولم يكن ما صدر حول الموضوع حتى ذلك الحين في الشرق والغرب شافياً في نظري المتواضع. نعم، الاهتمام بموضوع التأريخ عند العرب كان قد بدأ فعلاً، لكن الدراسات الصادرة حوله كانت تنحصر أما بمؤرخ فرد كدراستي عن المسعودي، أو دراسة محسن مهدي عن ابن خلدون، أو بعصر معين كدراسة العلامة الدكتور عبد العزيز الدوري رحمه الله عن بدايات الكتابة التاريخية، أو كانت تعالج الموضوع وكأنه سلسلة أو قافلة من المؤرخين المتتابعين (ظهر المؤرخ فلان ثم تبعه فلان إلخ) ككتاب المستشرق فرانز روزنثال، أو مجموعة من المقالات حول مواضيع تأريخية شتى والصادرة عن

١٠٩

مؤتمرات دولية ككتاب لويس وهولت بالإنكليزية الذي بعنوان «مؤرخو الشرق الأوسط». وكان السؤال الذي أقلقني هو الآتي: هل ثمة من طريقة أخرى لفهم هذا الكم الكبير جداً من التواريخ والمؤرخين؟ ولا بد من الاعتراف أن قراءاتي في أعمال ميشيل فوكو وبول فين وجاك لوغوف وميشال دي سيرتو وفرنان برودل (وكلهم إفرنسيون) كانت حاسمة في صياغة جوابي على ذاك السؤال. إذاً، كيف نصنف هؤلاء المؤرخين؟ كيف نضعهم في سلات فكرية متجانسة عوضاً عن وصفهم كقافلة أو سلسلة أو لائحة من الأسماء؟ وهل ثمة من تصنيف يقرّب فهمهم في سياقهم التاريخي؟ هبط الوحي صبيحةَ يومٍ مشمسٍ في أكسفورد ولعل قبب الكليات والكنائس والمعاهد الماثلة أمام نافذتي هي التي أوحت بالتفكير في القبب المجازية التي يلجأ إليها المؤرخون أي القبب الفكرية أو الإيديولوجية (سَمّها ما شئت) التي تشملهم. هكذا ولدت فكرة القبب وكان المطلوب لاحقاً هو وصف أو تسمية هذه القبب.

كان من الواضح لديّ أن جلّ المؤرخين حتى أيام الطبري تقريباً كانوا تحت قبة الحديث بمعنى أن آفاق الحديث ومنهجيته هي التي حددت في تلك الآونة شكل التاريخ ووظيفته ومغزاه. واتضح لي أيضاً أن القبة التي تلتها زمنياً هي قبة الأدب التي كتب تحتها مؤرخون كاليعقوبي والمسعودي بمعنى أن آفاق الأدب ومنهجيته هي التي حددت في تلك الآونة شكل التاريخ ووظيفته ومغزاه.

وهكذا دواليك. فإلى قبة الحكمة ثم أخيراً إلى قبة السياسة. قبب أربع فيها بالطبع بعض التعسف فهي ليست قبباً مبنية بالحجر بل لعلها أشبه بالمظلات المثقوبة وليست منفصلة تماماً عن بعضها البعض بالمعنى الزمني فقد نجد مؤرخاً يستظل أكثر من قبة أو مظّلة واحدة، كما نجد أن تلك القبب ذاتها متداخلة زمنياً. غير أني وجدت أن هذا التصنيف بالذات وعلى علاّته قد يثير نقاشاً جديداً حول الموضوع ويبتعد به عن التصنيفات السابقة. فالمؤرخون في كافة الحضارات والأزمنة غالباً ما يستمدون تحاليلهم النظرية من العلوم المجاورة أو من المناخات الفكرية السائدة في زمانهم، إذ أن علم التاريخ هو علم لا يمتلك مصطلحات تقنية خاصة به كسائر العلوم الطبيعية والاجتماعية. فإذا أراد المؤرخ أن يلجأ إلى التنظير أو البحث عن منهجية ما فهو غالباً ما يستلهمها من العلوم القريبة منه. من هنا هذا التصنيف إلى قبب متلاحقة تغطي المؤرخين.

وتداخل هذا التصنيف الذي وصلتُ إليه مع قراءات واسعة في أعمال المؤرخين وغيرهم امتدت لسنوات عديدة. بدأت بالبحث عن مفهوم التاريخ في الشعر الجاهلي ثم في القرآن وما بينهما من اختلاف عميق في مفهوم الزمن إذ وجدتُ أن الدين، أي دين كان، غالباً ما يجلب معه مفهوماً جديداً للتاريخ قوامه انحسار فكرة الدهر والأزل وسيطرة فكرة العناية والتدبير الإلهيين على مسار الزمن. فالتاريخ بمعنى الزمن له بداية وله نهاية يحددها الإله، والحوادث التي تأتي على البشر كلها ذات مغزىً إلهي عميق لا يدركه البشر

إلا لماماً، فقد جاء في الحديث مثلاً: «لا تسبوا الدهر فإن الله هو الدهر». لا يعني انحسار مفهوم الأزل أو الدهر اختفاؤه تماماً إذ نجد هذا المفهوم قد تجدد عند بعض فلاسفة المسلمين وعلماء الطبيعة، ولعل الدوران التاريخي عند الفارابي أو ابن خلدون هو المثال الأبرز لمفهوم الأزل في شكله المتجدد. على كل حال، انتقلتُ إلى كتب الحديث وجذبت انتباهي على الأخص تلك المقدمة العظيمة الأهمية التي صاغها مسلم ابن الحجاج (ت.٨٧٥م.) لصحيحه، والتي يحدد فيها بدقةٍ منهجيةٍ كيفية قبول الأحاديث المتضاربة ويؤسس لما قد نسميه إجماع العلماء حول مواضيع أساسية كالإسناد مثلاً، كما يرى مسلم أن الحديث قد وصل إلى حده الأقصى من حيث الكمية فلا داع يدعو لقبول أحاديث جديدة وغير معروفة لدى العلماء. هذا الأمر أدى إلى ضبط حجم الحديث وإلى انفصاله التدريجي عن الأخبار أي التاريخ، ذاك الانفصال الذي نشهد بداياته عند ابن إسحق (ت.٧٦٨م.) ثم عند الواقدي (ت.٨٢٣م.) وابن سعد (ت.٨٤٥م.). مع ابن إسحق نشعر أننا ما زلنا في زمن المعجزات أما مع الواقدي فنحن نراه وكأنه في «المختبر» التاريخي فها هو يستنطق المخبرين ويسعى إلى مشاهدة الحوادث بنفسه ويجيب عن أسئلة كاتبه ابن سعد ويرفض بشكل جازم ما لا يرتضيه من الأخبار ويصحح بعض التفاصيل ويلجأ إلى الدواوين والأرشيفات المكتوبة ويضع للحوادث تواريخ دقيقة ويفصل بين التاريخ والخيال الشعبي ويصحح تحريف الكتبة

ويباعد بين تاريخه وسيرة ابن اسحق. لقد ابتعد الواقدي عن آفاق ابن إسحق الذي يضع نبوة محمد في سياقها النبوي العالمي العريض لكنه بالمقابل سلك بالتاريخ مسلكاً جديداً نحو الدقة والضبط فساهم مساهمة واضحة في جعله علماً متخصصاً قائماً بذاته. كما أن مغازي الواقدي هي أشبه بسجل تاريخي قابل للاستخدام الإداري لأنه يؤرخ للرسول ولأُمته في سياق سياسي واضح نفهم مغزاه الكامل إذا فهمنا تأثير الخطاب العباسي السائد في أيامه، والذي سيطر بشكل واسع على 'نتاج الفكر في ذلك الزمن.

جاء ذكر للطبري (ت.٩٢٣م.) أعلاه بشكل مختصر لكنه بدون شك أمام مؤرخي قبة الحديث ولم تصدر عنه حتى اليوم دراسة عميقة تليق بمقامه الفكري الشامخ. فقد ترك لنا ليس فقط تاريخاً لا تزيده الأيام إلا منفعة وعمقاً لمؤرخي اليوم بل تفسيراً جليلاً للقرآن أشبه بسجل كامل لآراء العلماء وتفاسيرهم حتى أيامه هو. سبق واستشهدنا أعلاه بالطبري الذي يقول إن المعرفة التاريخية لا تأتي إلا من «أخبار المخبرين ونقل الناقلين دون الاستخراج بالعقول والاستنباط بفكر النفوس». كان أهل الحديث أيام الطبري عرضة لهجمات شديدة من جانب علماء الكلام بوجه خاص الذين عابوا عليهم منهجيتهم في تمحيص الأخبار وطعن بعضهم بنظرية الإسناد فجاء الطبري ليقول إن الأخبار لا يمكن أن تُستخرج بالعقل بل هي معلومات ترد إلينا عن طريق واحد فقط هو طريق المخبرين. لذا

فإن فضيلة المؤرخ الكبرى عند الطبري هي الأمانة في النقل عن كافة المخبرين بدون استثناء مع ذكر الإسناد بدقة. وإذا أردنا أن ندخل في خضم هذا الجدل حول الحديث والأخبار بشكل عام لن نجد في رأيي دفاعاً عن الحديث ومنهجيته أشد عوداً وصلابة من تاريخ الطبري ثم خصوصاً من كتاب «تأويل مختلف الحديث» لابن قتيبه.

لكن هذه المنهجيه لم ترق لمن جاء بعد الطبري من أجيال المؤرخين.

**أولاً:** الإسناد الذي هو بمثابة العمدة في علم الحديث لم يكن متوفراً ولا ملائماً لتواريخ الأمم الأخرى التي بدأ يهتم بها جيل خر من المؤرخين.

**ثانياً:** مع بروز علم الأدب عند كتّاب الدولتين الأموية والعباسية، وجد الأدباء أن الإسناد من التثقيل والتطويل خصوصاً أن مادة الأدب الأساسية هي الرواية المنفردة التي لها مغزى أخلاقي أو هي للتسلية وشحذ الذهن ثم طبعاً رواية الشعر على أنواعه من قديم وحديث: كل هذه المواد لا ضرورة تدعو لذكر إسنادها.

**ثالثاً:** مع مجيء الفلسفة وعلم الكلام وعلوم الطبيعة لم يعد للإسناد مكان بينها فهي كلها علوم مستنبطة من العقل. لذا انتقلت الكتابة التاريخية التي تأثرت بكل هذه العوامل من قبة الحديث إلى قبة الأدب ثم قبة الحكمة حيث النثر المتسلسل هو الأسلوب السائد

وحيث تُستقى وتُمحص المعلومات لا من سلاسل الإسناد بل من مؤلفات معينة أو من راوٍ معين أو من مشاهدات شخصية أو من استنتاجات عقلية.

**رابعاً:** لا شك لدي في تأثير الجاحظ العميق في انتقال أسلوب الكتابة عامةً من الجمع إلى التأليف. بكلام أبسط، المؤرخ أصبح مؤلفاً بالمعنى الحديث للكلمة ولم يعد مجرد جمّاع للروايات، أي أنه أصبح يُرجّح ويحذف ويلخّص ويركّب وينسّق ويُجمّل ويقرّب ويباعد ويسرد ويربط ويعلّل ويوجب، أي يفعل ما يفعله أي مؤرخ في زماننا هذا. وهكذا عندما نقرأ اليعقوبي أو المسعودي أو الدينوري أو غيرهم نجد أننا قد انتقلنا من دهاليز الطبري وأسانيده إلى رحاب التاريخ المتصل الذي توجهه وتصوغه يدٌ واحدة وروحٌ واحدة هي يد وروح المؤرخ المعين. لا يمكن أن نزعم أن قراءة تاريخ الطبري متعةٌ للقارىء لكننا نجد متعةً لا شك فيها عندما نقرأ المسعودي مثلاً فنجده يسرد التاريخ أمامنا وكأنه بساط من الروايات المتعددة الألوان والأمزجة. أما الإسناد فإنه لم يختف طبعاً بين ليلة وضحاها إذ نجده حاضراً حتى في كتب الأدب ككتاب «الأغاني» لأبي الفرج الأصفهاني (ت.٩٦٧م.) لكن ضمور الإسناد بات واضحاً في كتب التاريخ بدءاً من القرن الرابع للهجرة/ العاشر للميلاد.

أما القبة الثالثة أي قبة الحكمة فهي تلك التي بنتها العلوم

١١٥

الفلسفية والكلامية (أي اللاهوتية) والطبيعية والتي استظلها عدد من كبار المؤرخين في القرون اللاحقة. نلمح ظلال هذه القبة بدءاً باليعقوبي الذي يذكر بانتظام «الطالع» عند ابتداء كل خلافة فيقول مثلاً: «وكانت الشمس يومئذ في الدلو ستاً وعشرين درجة وعشرين دقيقة، والقمر في السنبلة خمس درجات والمريخ في الجدي أربع درجات والزهرة... وعطارد... إلخ» وهذه كلها مأخوذة من علم أحكام النجوم الذي يحدد مآل ومسار الزمن كالرخاء أو الكوارث في تلك الآونة. ثم نجد ظلالها قد امتدت بعيداً عند المسعودي والمطهر بن طاهر المقدسي حيث يلعب علم الكلام المعتزلي كما العلوم الطبيعية دوراً بارزاً في قبول الروايات وتمحيصها. وثمة نصٌ في المسعودي أراه جديراً بالتأمل عند الحديث عن تأثير علم الكلام والعلوم الطبيعية على التاريخ. ففي صدد كلامه عن وجود أو عدم وجود بعض الكائنات الخرافية كالنسناس والعنقاء يقول أولاً أن الأخبار عنه تتضارب في الشرق والغرب فاهل الشرق يرون أنه موجود في الغرب وأهل الغرب أنه في الشرق ثم يستطرد كالآتي: «ونحن لم نُحِلْ وجود النسناس والعنقاء وغير ذلك مما اتصل بهذا النوع من الحيوان الغريب النادر من طريق العقل فإن ذلك غير ممتنع في القدرة (أي القدرة الإلهية) لكن أحلنا ذلك لأن الخبر القاطع للعذر لم يرد بوجود ذلك في العالم. وهذا باب داخل في حيز الممكن والجائز... ويحتمل هذه الأنواع من الحيوان النادر ذكرها... أن تكون أنواعاً من الحيوان أخرجتها الطبيعة من القوة إلى

الفعل فلم تُحكمه... فبقي شاذاً فريداً... طالباً للبقاع النائية من البر مبايناً لسائر أنواع الحيوان... مما قد أحكمته الطبيعة وعدم المشاكلة والمناسبة التي بينه وبين غيره من أجناس الحيوان». هذا النص يمثل أحسن تمثيل انفتاح التاريخ على العلوم العقلية إذ يستخدم أولاً علم الكلام ليثبت أن الخلق على أنواعه ممكن في القدرة الإلهية ثم يتبع ذلك باستخدام مفهوم الخبر «القاطع للعذر» ليصل أخيراً إلى نظرية أرسطو حول القوة والفعل فيستخدمها لتفسير محتمل لوجود النسناس أو ما يشابهه من غريب الحيوان.

هذا الاهتمام المتزايد عند المؤرخين بالعلوم الطبيعية والعقلية يقابله اهتمام متزايد بالأخبار وتمحيصها وتحقيقها عند علماء الكلام وعلماء الطبيعة. فنحن نجد عند القاضي عبد الجبار المعتزلي (ت.١٠٢٤م.) مثلاً تحليلاً مفصلاً لأصناف الأخبار المتفاوتة الصحة وتعريفات دقيقة للخبر المتواتر وخبر الآحاد وما يُعرف صِدقُه بالضرورة وما يُعرف بالاستدلال. أما أبو الحسين البصري (ت.١٠٤٤م.) وهو تلميذ عبد الجبار فهو يفحص بدقة الأحوال المحيطة بالخبر والمُخبِر وينتقل بالتحليل من المجال الفقهي إلى المجال اليومي أي الحوادث اليومية فيقول: «أما أحوال المخبِر فنحو أن يكون له صارف عن الكذب في ذلك الخبر ولا يكون له داع إليه..... نحو أن يكون رسولاً من سلطان يذكر أن السلطان يأمر الجيش بالخروج إليه فعقوبة السلطان تصرفه عن الكذب... ونحو أن يكون الإنسان مهتماً بأمر من الأمور متشاغلاً به فيُسأل عن غرّة

فيخبر عنه في الحال فيعلم أنه لم يفكر فيه... وهذه الأمور تقتضي أن لا غرض للمخبر في الكذب». لكنه يستطرد ليقول إن مثل تلك الأحوال لا تقطع بصحة الخبر بل هي من صنف الظن الغالب. وهذه الأمثلة المختارة من الحياة اليومية هي بالطبع اقرب إلى ما يتعاطى به المؤرخ العادي. ونجد عند ابن حزم الأندلسي (ت.١٠٦٤م.) ذاك المفكر النابغة، تحليلاً لمشكلة التواطؤ في تلفيق الأخبار إذ يرى أن الكذب والتواطؤ يجوز على الواحد والكثرة، لكنه يعرّف الخبر الموجب للعلم كما يلي: «إذا جاء اثنان فأكثر من ذلك وقد تيقّنا أنهما لم يلتقيا ولا دسسا ولا كانت لهما رغبة في ما أخبرا به ولا رهبة منه ولم يعلم أحدهما بالآخر، فحدث كل واحد منهما مفترقاً عن صاحبه بحديث طويل لا يمكن أن يتفق خاطر اثنين على توليد مثله، وذكر كل واحد منهما مشاهدة أو لقاء لجماعة شاهدت أو أخبرت عن مثلها بأنها شاهدت، فهو خبر صدق يضطر بلا شك من سمعه إلى تصديقه... وهذا الذي قلنا يعلمه حساً من تدبره ورعاه في ما يرد كل يوم من أخبار زمانه من موت أو ولادة أو نكاح أو عزل أو ولاية أو وقعة وغير ذلك». ولعل الجدل الدائر بين المتكلمين حول تعريف العادات والمعجزات من أمتع أوجه الفكر التاريخي في ذلك الزمن. ما هي العادة وما هو خرق العادة؟ وما هي المعجزة وما علاقة الأنبياء بالمعجزات؟ وما المعجزات التي يمكن لنا أن نقبلها وما تعريفها؟ هذه كلها أسئلة حظيت بالكثير من التحليل عند علماء الكلام

ووصلت أصداءها إلى بعض المؤرخين كالمسعودي كما في النص أعلاه أو كالمطهر ابن طاهر المقدسي الذي يعرّف المعجزة كالآتي: «قد يكون الشيء معجزة في وقت وهو بعينه غير معجزة في وقت آخر، ويكون معجزة لقوم وغير معجزة لقوم، ويكون الشيء باجتماع أجزائه معجزة ويكون جزء منه على الانفراد غير معجزة». لن استرسل هنا في الحديث عن موضوع المعجزات لكن لا جدال أن للمعتزلة دور رئيسي في تعريف المعجزات وحصرها بالأنبياء وإنكارها عند باقي البشر ككرامات الأولياء مثلاً. وأنكر بعض الفلاسفة كأبي بكر محمد ابن زكريا الرازي (ت.٩٢٥م.) المعجزات بالكامل واستمسكوا بما تمليه القوانين الطبيعية. أما الفيلسوف مسكويه فقد ورد أعلاه كيف نبذ من كتابه تواريخ الأنبياء إذ هي تزخر بالمعجزات وليس فيها من التدبير والتجارب ما قد يفيد أصحاب الحكم في يومه الراهن. ولعل البيروني العظيم (ت.١٠٤٨م.) هو أوضح مثال على قبة الحكمة ففي كتابه «الآثار الباقية عن القرون الخالية» يستخدم آخر ما توصل إليه علم الفلك والرياضيات لتحديد تواريخ الأمم وضبطها على أساس تماسكها الداخلي، وفي كتابه الذائع الصيت عن الهند يكشف الأباطيل المحكية عن الديانة الهندية استناداً إلى المصادر الهندية الموثوقة والأصلية وذلك بتجرد علمي تام وبالدراسة المقارنة للثقافات المختلفة.

ونصل أخيراً إلى قبة السياسة. نحن الآن في عصر السلاطين من

السلاجقة والزنكيين والأيوبيين ومن ثم المماليك، أي القرون ١١ إلى ١٦ ميلادية. هذة الحقبة خلقت على ما أعتقد خطاباً فكرياً واجتماعياً جديداً ترك أثره العميق عند المؤرخين. فقد بنى هؤلاء السلاطين دولاً من صنف جديد قوامها حشد كافة طاقات المجتمع وتركيزها وعسكرتها في دولة مركزية واحدة تمتلك إيديولوجية دينية معينة كثيراً ما يكون الجهاد ضد الأعداء محركها الأساسي. ولعل كتاب «سياست نامه» (أي كتاب الحكم) للوزير السلجوقي الشهير نظام الملك (ت.١٠٩٢م.) هو أفصح تعبير عن هذه الدولة السلطانية الجديدة، بل قد نعتبره الشعار السياسي لتلك المرحلة في التاريخ. وهذا الكتاب بمثابة دستور ينبغي للسلطان أن يتبعه حتى تستقيم أمور الدولة فهو يتطرق إلى تدبير الجيوش والإقطاع واستخدام الشُرَط والعيون ومراقبة الأموال ثم يتطرق إلى الأمور الأخلاقية والدينية وإلى تعريف العدل والاهتمام بكافة طبقات المجتمع وإلى مسؤولية السلطان تجاه الله والدين. هذه الدول الجديدة التي قد نسمّيها شمولية هي التي خلقت خطاباً ساد عمران تلك الدول. وهذا العمران (بالمفهوم الخلدوني) نلمح ظلاله ليس فقط في أدبيات تلك العصور بل أيضاً في فنونها المختلفة ومنها مثلاً فن العمارة الضخمة التذكارية التي عكست هيبة الدولة، كما نلمح تلك الظلال في سعي الدول السلطانية للسيطرة على التعليم وخلق «كادر» جديد من موظفي الدولة من خلال المدارس (كالنظامية في بغداد مثلاً) ولتدبير وتنظيم المذاهب الفقهية ولدمج

الطُرُق الصوفية في المجتمع وحشدها للدفاع عنه كما وللسيطرة التامة على نظام الإقطاع من جانب السلطان. ولا ريب أن هذا التحول نحو الشمولية كان في جزء منه على الأقل ردة فعلٍ على خطرين عظيمين دهما العالم الإسلامي في تلك العصور هما الخطر الصليبي في الأندلس أولاً ثم في الشرق الأدنى ولاحقاً الخطر المغولي الأعظم والأكثر ديمومة في شرقنا العربي. ونجد عند ابن الأثير (ت.١٢٣٢م.) مثلاً تحليلاً استراتيجياً عميقاً لتزامن هذين الخطرين وانقضاضهما على ممالك الإسلام كالكماشة، الواحد من الغرب والثاني من الشرق.

هذه باختصار وتبسيط هي المكوّنات الأساسية لعصور السلاطين والتي استظلها الأدباء والمؤرخون. فقد عززت تلك المكونات تراتبية المجتمعات وهرمية بنيانها من جهة، كما عززت إحساس أهل الأدب والتاريخ بانهم يعيشون في زمن تاريخي عميق المغزى لا يقل شأناً عن تاريخ ما مضى من الأيام. فهذا مثلاً عماد الدين الأصفهاني (ت.١٢٠١م.) يصف في مقدمة تاريخه المعقود لاستعادة القدس على يد السلطان صلاح الدين الأيوبي كما يلي: «وإنما بدأنا بالتأريخ به (أي بالفتح القدسي) لأن التواريخ معتادها أن تكون مُستفتحة من بدء نشأة البشر الأولى وإما مستفتحة بمعقب من الدول... وأنا أرّختُ بهجرة ثانية تشهد للهجرة الأولى... وهذه هي هجرة الإسلام إلى بيت المقدس وقائمها السلطان صلاح الدين... وعلى عامها يُحسن ان يُبنى التأريخ... وهذه الهجرة أبقى

الهجرتين». وهذا كلام جريء للغاية! وواكب هذا الإحساس بقدوم عصر جديد بروز تواريخ موسوعية ضخمة الحجم، شاملة في تغطيتها. ونحن عندما نتصفح هذه التواريخ نجدها تشبه إلى حد بعيد النظام البيروقراطي السلطاني السائد أو «المسح الإقطاعي» الذي لايترك صغيرة ولا كبيرة من الحوادث دون تدوينها بدقة. ولعل التواريخ التي كُتبت في العصر المملوكي هي من أوضح الأمثلة على ما نسميه اليوم «التغطية الشاملة» للأخبار في الكتابة الصحفية. ومن أكثر هذه التواريخ شهرة كتاب «السلوك لمعرفة دول الملوك» للمقريزي (ت.١٤٤٢م.) الذي يعتمد التأريخ على السنين ثم يسرد ضمنها ليس فقط حوادث الشهور والأيام بل حتى الساعات في بعض الأحيان، ويرفق ذلك ببعض المعلومات الاقتصادية كغلاء الأسعار أو انخفاضها ثم أيضاً الحركات الشعبية والرسائل المتبادلة بين الملوك المأخوذة من سجلات الدواوين، وأخبار الزلازل والبراكين والأوبئة والطواعين، وصور وصفية دقيقة لبعض الشخصيات الهامة كتلك التي رسمها مثلاً لشخصية الملك الصالح أيوب وهو أحد آخر سلاطين بني أيوب قبل قيام دولة المماليك. وكما عند المقريزي كذلك الأمر عند العديد ممن سبقه من مؤرخي تلك العصور كابن الجوزي (ت.١٢٠١م.) وابن واصل (ت.١٢٩٨م.) وسبط ابن الجوزي (ت.١٢٥٦م.) وابو شامة (ت.١٢٦٧م.) وابن تغريبردي (ت.١٤٦٩م.) وغيرهم. السياسة إذاً وبمعناها الأوسع الذي يشمل فيما يشمل السيطرة البيروقراطية

والنُظُم الإقطاعية العسكرية هي القبة التي أظلت الكتابة التاريخية إبان تلك العصور.

هكذا إذاً كان التقسيم الذي اقترحته في كتابي «فكرة التاريخ عند العرب». وأنا عندما أعود في هذه الأيام إلى ذاك الكتاب الذي بلغ من العمر اليوم ما يزيد عن العشرين عاماً أجد فيه بعض التعسف في التقسيمات لكنني ما زلت أرى أنه من المفيد لنا أن نطرح ما يشبه ذاك التقسيم كي نربط كتابة التاريخ بما حولها من المناخات الاجتماعية والفكرية، ولا نكتفي بسرد أسماء المؤرخين وكأنها سلسلة إسناد أو فهرس أو «كاتالوغ» حيث يستلم اللاحق الراية من السابق وحيث التركيز هو على التأثير الذي مارسه زيد على عمرو. وقد يكون من المفيد أيضاً أن نحاول أن نفعل الشيء ذاته مع الأدباء والفلاسفة والمتكلمين وعلماء الطبيعة وغيرهم. كما قد نستلهم في هذا الصدد المقولة التي يرددها ابن خلدون: «الناس بأزمانهم أشبه منهم بآبائهم».

## ابن خلدون

لا مفر لي الآن من أن أصل إلى إمام المؤرخين عبد الرحمن ابن خلدون (ت.١٤٠٦م.) الذي تناوله عدد ضخم جداً من الكتّاب في الشرق والغرب، فماذا يمكن أن يقال فيه ما لم يكن قد قيل من قبل؟ تتملكني الحيرة في هذا الموقف فهو بدون شك يحتل في تاريخنا الفكري مكاناً يشبه ما يحتله كارل ماركس مثلاً في الفكر الغربي. غير أنني أجد أنه، وبسبب هذه المكانة الفكرية الكبرى بالذات، يوحي لكل جيل بتفسيرات متنوعة المناحي والدلالات، بل لربما من الواجب أن يحاول المرء أن يصوغ لجيله نظرات جديدة في بنيانه الفكري الشاهق. يقول الكاتب الإيطالي ايتالو كلفينو أن الكتاب الكلاسيكي هو الكتاب الذي «لم ينته قط من قول ما أراد أن يقوله» وهذا ما يشجع المرء أن يدلو بدلوه حتى ولو كانت البئر مكتظةً بالدلاء. وفي أثناء محاولاتي المتكررة لإيصال فكره إلى التلامذة وجدت في نهاية الأمر بعض الفائدة في أن تكون نقطة الإنطلاق هي أن نتأمل ببعض التفصيل عنوان تاريخه الذي هو على الشكل التالي: «كتاب العبر وديوان المبتدأ والخبر في أيام العرب والعجم والبربر ومن عاصرهم من ذوي السلطان الأكبر».

**أولاً: كلمة العِبر:**

هي طبعاً جمع عبرة وتعني الدروس المستفادة من التاريخ أو الماضي وهي كلمة كثيراً ما ترد في القرآن مصحوبة بلفظة «أولي الأبصار» أي أن العبرة لا يفهمها سوى الذين يتأملون حوادث الزمن ويستخلصون منها مغزاها العميق. والكلمة مشتقة من المصدر عبر وتعني فيما تعنيه العبور أو الانتقال من ضفةٍ إلى أخرى من النهر مثلاً. فإذا دمجنا المعنى القراني بالمعنى الحرفي نصل إلى ما يريد ابن خلدون لنا أن نفعله وهو أن نعتبر بالماضي ونقطع من ضفة التاريخ إلى ضفة مغزاه الحقيقي، من ظاهر التاريخ إلى باطنه، من موج التاريخ المتلاطم إلى حقيقته الثابته، من أحداثه السطحية المتلاحقه إلى أعماقه التي لا تتغير. فالتاريخ بحد ذاته عند ابن خلدون ليس إلا سلسلة من الحوادث التي تمر من أمامنا فلا نعرف لها وجهة ولا معنىً، ولا فائدة تُرجى منها سوى لربما التسلية التي نجدها في القصص. أما إذا أردنا أن نحمل التاريخ على محمل الجد فلا بد من العبور إلى ما وراءه لاستكشاف مبادئه التي تحدد مساره وتعرجاته. وهذا ما يفسر هجومه الماحق على المؤرخين الذين يرى أنهم مجرد قُصّاص ليس إلا.

**ثانياً: ديوان المبتدأ والخبر:**

لفظة الديوان في المغرب وهو مسقط رأس ابن خلدون، تعني عملاً موسوعياً شاملاً الأمر الذي توضّحه لفظة المبتدأ والخبر. من

هنا فإن ابن خلدون يوحي لنا أن كتابه سوف يكون شاملاً ومكتملاً، تماماً كما يكمّل الخبر المبتدأ. فالتاريخ بحد ذاته ليس سوى المبتدأ ولا يُفهم إلا إذا فهمنا خبره. وهذا الفهم يتطلب في رأي ابن خلدون الإحاطة بكوكبة واسعة من العلوم التي يحددها كالآتي: «يحتاج صاحب هذا الفن إلى العلم بقواعد السياسة وطبائع الموجودات واختلاف الأمم والبقاع والأعصار في السير والأخلاق والعوائد والنِحل والمذاهب... والإحاطة بالحاضر من ذلك ومماثلة ما بينه وبين الغائب... حتى يكون مستوعباً لأسباب كلِ خبرَه وعندئذ يعرض خبر المنقول على ما عنده من القواعد والأصول»، فيصحح الخبر أو يرفضه. ولو أردنا أن نترجم هذا الكلام إلى لغة الحاضر لقلنا أن الذي يتنطح لكتابة التاريخ عليه أن يكون قد حصل على درجة الدكتوراة في العلوم التالية: العلوم السياسية، الاقتصاد، علم البيئة، علم الاجتماع، علم الأحياء، الفلسفة والمنطق، علم الكلام، العلوم الفقهية، التاريخ المقارن، علم الجغرافيا والأدب، ولوجب ان يسمي نفسه «الدكاتره فلان الفلاني»!

أما الاسم الذي اختاره ابن خلدون لعلمه الجديد والذي يقول إنه لم يسبقه أحد إليه فهو «علم العمران البشري». لكن قبل الحديث عن هذا العلم تجدر الإشارة إلى أن ابن خلدون قد قلب كتلة مفاهيم الحضارات القروسطية الشرقية والغربية رأساً على عقب من خلال هذا العلم. إذ أن النصوص الأدبية والدينية حتى أيامه هو

كانت، في الغالب الأعظم، منصبّة على الإنسان الفرد، على الروح البشرية، والمصير، على العبادات والمعاملات والواجبات الإنسانية، على الخير والشر، على معنى البطولة، على الحب، وإلى ما هنالك من الأمور التي محورها الإنسان الفرد. أما ابن خلدون فهو يرى أن العمران البشري هو الأمر الجدير بالفحص والتدقيق. فإذا أردنا ان نفهم الإنسان الفرد يجب أولاً أن نفهم بيئته ومجتمعه، أن نفهمه في الدائرة الكبرى لا في الدائرة الصغرى، وما إن تتضح صورة الإطار الأوسع حتى تتضح صورة الفرد. لذا فالإنسان الفرد ما هو إلا «مبتدأ» أما بيئته فهي «الخبر» الذي يضفي عليه معناه الشامل. قد نقول إذاً أن ماهية الإنسان أو جوهره (المبتداء) تجد معناها الحقيقي والكامل في كيانه ووجوده (الخبر). ولو أردنا تشبيهاً عصريا لقلنا أن ابن خلدون يغلّب التطبّع على الطبع إذ كثيراً ما يردد أن «الناس بأزمانهم أشبه منهم بآبائهم» أي أن البيئة هي التي لها التأثير الأكبر في تكوين الإنسان، لا المصدر والنسب والطبع والوراثة وإلى ما هنالك.

ما هي هذه البيئة في نظر ابن خلدون؟ ثمة بيئتان أساسيتان إحداهما البيئة البرّية أو القفر (ويسميها ابن خلدون العمران الوحشي) والأخرى البيئة المدينية (العمران الحضري). هاتان البيئتان تقعان خارج الزمن بمعنى أنهما لا تواكبا الزمن العادي بل هما نوعان من الوجود الذي يتغير ببطء واستناداً إلى قوانين معينه لكنه يبقى في جوهر ذاته كما هو. والعلاقة بينهما علاقة ديالكتيكية

نوعاً ما، أي علاقة التفاعل بين المتناقضات. وهذا يعني أن ثمة ما يحمل العمران الوحشي إلى أن يتوق دوماً إلى أن يصبح عمراناً حضرياً إذا سمحت له الظروف بذلك. غير أن الإنسان الفرد في كل بيئة يختلف جذرياً عن الإنسان في البيئة المقابلة. فالإنسان الوحشي يتميز عن الحضري سياسياً واقتصادياً واجتماعياً، بل ونفسياً، تميزاً تاماً. ولو رجعنا إلى المبتدأ والخبر لقلنا أن العمران الوحشي هو المبتدأ والحضري هو الخبر. فالوحشي يمكن له أن يستمر في الوجود غير المكتمل بمعزل عن الحضري، لكن معناه ومغزاه لا يكتملان إلا حين ينقلب إلى الحضري. كيف يتم هذا التحول والانتقال؟ الجواب هو في قوانين علم العمران التي نصل إليها بعد حين.

ثالثاً: «في أيام العرب والعجم والبربر»:

أيام العرب هي طبعاً ذلك التراث من القصص الشعبي والشعري الذي صاغ لأيام الجاهلية ما قد نسميه تاريخاً ملحمياً من الغزوات والحروب التي تذكرنا من حين لآخر بملحمة الإلياذة لهوميروس. لكن ابن خلدون لا يستعمل تلك اللفظة بهذا المعنى بل يعني بها على ما أعتقد الحوادث الجسام التي مرت على هذه الأمم. العرب هم بالطبع قومه الذين بنوا تلك الإمبراطورية العظمى لكن نجمهم السياسي كان قد خبى وأتت أمم أخرى لتقود أمة الإسلام. والعجم هم كافة الأمم التي عاشت أما حول البحر المتوسط أو في الشرق،

أي مجموع ما كان يعرفه ابن خلدون عن عالمه. أما البربر فهم سكان إفريقيا الشمالية الذين كان ابن خلدون على اطلاع عميق على تاريخهم وسلالاتهم الحاكمة. لذا قد نقول أن ابن خلدون ينوي أن يطبق قواعد وقوانين علمه على أوسع رقعة ممكنة من التواريخ المحيطة به.

**رابعاً: «ومن عاصرهم»:**

نعود مجدداً إلى مقولة «الناس بأزمانهم» فنرى أنها لا تعني فقط طغيان بيئة معينة بل تعني أيضاً طغيان زمن معين أي أن العمران البشري أمر نسبي يتكيّف حسب الزمان والمكان. ففي صدد هجومه على المؤرخين يسرد ابن خلدون بعض الأسباب التي تحمل المؤرخين على إدخال الأخبار المستحيلة إلى تواريخهم كالتعصب للمذاهب المختلفة والثقة المفرطة بناقلي الأخبار والجهل بمغزى الخبر والتقرب إلى الحكام طمعاً بالمكافأة. لكن السبب الأهم في رأيه هو «الجهل بطبائع الأحوال في العمران فإن كلَّ حادث من الحوادث.... لا بد له من طبيعة تخصه في ذاته وفيما يعرض له من أحواله». وبما أن تحولات العمران البشري هي التي تحدد مسار الحوادث التاريخية وما ينبغي لنا أن نقبل أو نرفض من هذه الحوادث، فإن تلك التحولات هي التي يجب على المؤرخ أن يفهمها، فالحوادث معاصرة لزمانها. لذا ينبغي أن نفهم التاريخ ليس بالمعنى التسلسلي للحوادث المنفردة بل بمعنى تسلسل الأزمنة

المتعاصرة. التسلسل هذا أفقي وليس عامودي. لنأخذ مثلاً مجتمعين متعاصرين: أليس ما يجمع هاذين المجتمعين المتعاصرين أكثر بكثير مما يجمعهما بتاريخهما؟ وعلى سبيل المثال، وهو بالطبع ليس مثالاً خلدونياً، أليس ما يجمع لبنان باليونان اليوم أقرب بكثير مما يجمع لبنان مع قرنه العاشر أو اليونان مع قرنها العاشر؟ أليست المؤسسات المختلفه وأنماط المعيشة وعلاقات الإنتاج بل وحتى أنماط الفكر في لبنان اليوم أقرب إلى ما يقابلها في اليونان اليوم مما يقابلها في أزمنة سابقة من تاريخه، والعكس بالعكس طبعاً؟ يبدو إذاً وكأن ابن خلدون يوصينا بأن نفهم المعاصرة أولاً كي نستطيع لاحقاً أن نميز الممكن من المستحيل في الأخبار. كيف ينتقل زمن متعاصر إلى زمن متعاصر آخر؟ الجواب عند قوانين علم العمران التي نصل إليها بعد قليل.

خامساً: «من ذوي السلطان الأكبر»:

العديد من قوانين علم العمران له صلة وثيقه «بالسلطان» أي ما نسميه اليوم السلطة والقوة: السلطة السياسية والاقتصادية والعسكرية والنخبوية والديموغرافية والإيديولوجية والقبلية وإلى ما هنالك من أشكال القوة والتسلط. وهذه القوى تتجلى أكثر ما تتجلى بالدول، فالدولة القوية المتسلطة هي التي تمتلك القدر الأنسب من تلك القوى. والعصبية أي التلاحم الاجتماعي هي من أهم مكونات تلك القوى. ولعل المثال الآتي قد ينال رضى ابن

خلدون: لنأخذ مثلاً رجلاً أو امرأة رياضية. هذا الإنسان يكون في أحسن حال حين يكون قوي العضلات، سريع الجري، حاد النظر والسمع والذهن، صحيح القلب والمعدة، شديد التركيز، سريع التكيّف، مع التناسق والتكافؤ بين كافة تلك القوى. وهذا المثال ليس بعيداً عن الفكر الخلدوني إذ كثيراً ما يشبّه الدول ومسارها بتشبيهات مأخوذة من علم الأحياء. هذه إذاً هي الدولة حينما تكون في أوج سلطانها. فالدولة تمر بأطوار تشابه أطوار الشباب والبلوغ والهرم وكما أن الشاب يختلف في تصرفه عن البالغ وعن الهرم كذلك الأمر عند الدول. والتسلط يكون على أشده عند البلوغ، تماماً كما في حال الرياضي الشاب. ويصيب الهرم الدول بأمراض كالترهل والتباطؤ وفقدان التركيز وانحلال العصبية، مما يعني الاعتماد المفرط على المرتزقة كما يعني تكنيز المال واحتكار الأسواق، وكل ذلك يؤذن بقرب نهاية الدولة. فإذا مر بنا حادث تاريخي وجب علينا عرضه على ما يقابله من هذه الأطوار: هل يُحتمل أن يكون هذا الحدث قد حصل فعلاً في مثل ذاك الطور؟ والمثال الأشهر لقانون التطور هذا عند ابن خلدون هو ما يحكى في التواريخ عن سبب نكبة البرامكة. هل كان السبب هو حقاً ما يورده المؤرخون من أن جعفر البرمكي والعباسة أخت الرشيد علقا بحبٍ جارف خلافاً لرغبة الخليفة مما أوغر صدر الرشيد على البرامكة فامر بتدميرهم؟ كلا، يقول ابن خلدون، إذ أن حدثاً كهذا لا يمكن أن يحدث في تلك الفترة بالذات من الخلافة العباسية التي

كانت في أوج سلطانها آنئذ بل السبب الحقيقي هو ان الدولة التي تكون في أوج سلطانها لا تسمح بقيام دولة أخرى ضمن دولتها كما فعل البرامكة. لذا وحين نسأل كيف ينتقل عصرٌ ما إلى عصر آخر فالجواب الخلدوني هو أن نميّز العصور بالنسبة إلى ما قد نسميه مقياس التطور وأن نقارن الدول الفتية والبالغة والهرمة ببعضها البعض فنصل في نهاية الأمر إلى مقياس علمي يميز الصواب من الخطأ في قبول الأخبار.

وماذا عن قوانين علم العمران الخلدوني؟ لا مجال هنا لسرد كافة تلك القوانين التي يبلغ عددها قرابة المئة وعشرين قانوناً. لكن القوانين التالية قد تكون من أهمها:

أولاً: الأمم الوحشية من شأنها أن تتغلب على الدول الحضرية إذا توفرت لها الظروف المناسبة وذلك لأن عصبية التوحش غالباً ما تكون أقوى من عصبية التمدن.

ثانياً: الأعمار الطبيعية للدول لا تتعدى الأجيال الثلاثة أو الأربعة أي حوالي المئة سنة.

ثالثاً: ثمة أشكال متعددة من العصبيات لكن أقواها هي عصبية الدم والعصبية الدينية. والدين لا يمكن له أن ينتشر بدون عصبية قوية.

رابعاً: الدول في طور الهرم تصبح عرضة للسقوط أمام هجمات أعداء أقوى منها عصبيةً.

١٣٣

**خامساً**: العلوم والآداب والفنون تزدهر في المدن لكنها لا تختلف في الجوهر عن باقي الحِرف والصناعات أي أنها تخضع لقانون العرض والطلب، فالعالم أو الفقيه أو الفيلسوف هو صاحب حرفة تماماً كالنجار أو الحداد أو الخباز وما شابه.

أكتفي بهذا القدر من الحديث عن ابن خلدون راجياً من قراء هذه السطور أن يشاطرونني الإعجاب اللامتناهي بهذا الكتاب الذي «لم ينته قط من قول ما أراد أن يقوله».

كلمة أخيرة لا بد منها. كثيراً ما يقال أن تاريخ ابن خلدون لا يليق بالمقدمة أي أنه لا يستخدم القوانين الواردة في المقدمة ولا يوجد فيه ما يميزه عن التواريخ الأخرى في عصره. وهذا رأي شاع خصوصاً بين أوساط المستشرقين. لا أدري كم من هؤلاء قد قرأ تاريخ ابن خلدون بتمعّن ودقة لكنه رأي لا يستقيم أبداً عند كل من تفحص تاريخه، فهو مليء بنفحات خلدونية وتفسيرات مستمدة من فكره ونظرياته والقوانين التي وضعها لعلم العمران.

## عودة إلى التاريخ الحديث: المذكرات

وما إن وضعت كتاب «فكرة التاريخ عند العرب» جانباً، مودّعاً ومتمنياً له التوفيق، حتى عدت إلى التاريخ الحديث من خلال دراسة عن حياة الناس اليومية في العالم العربي خلال الحربين العالميتين. وصدرت تلك الدراسة لاحقاً في كتاب شامل بالإنكليزية يغطي حياة الناس العادية من مختلف الأمم في الشرق والغرب خلال تلك الفترة. ترددت كثيراً قبل أن أقبل دعوة محرري الكتاب للمساهمة فيه إذ لم أكن على اطلاع وافٍ بتلك الحقبة من التاريخ، لكن سرعان ما تبين لي أن مادة البحث الأساسية سوف تنحصر في الذكريات التي كتبها أولئك الذين عاشوا تلك الأيام. وكنت في الماضي أجد متعة في قراءة هذا الصنف من الأدب، الأمر الذي سهّل قبولي للدعوة. وليس في التراث العربي قبل الحداثة الكثير من السير الذاتية، وإذا استحضرت في الذهن ما يمر منها أمامي الآن فقد استحضر «المنقذ» للإمام الغزالي و«التعريف» لابن خلدون وسيرة ابن سينا ولا بد أنني نسيت البعض الآخر. غير أن السيرة الذاتية ليست على كل حال صنفاً أدبياً شائعاً أو مألوفاً في تراثنا

١٣٥

القديم بل قد أجزم فأقول إنه ليس صنفاً مألوفاً كذلك في تراث أمم ما قبل الحداثة بوجه عام. فهل الحداثة هي التي فتحت الباب واسعاً أمام هذا الصنف الأدبي، وكيف، ولماذا؟ لا أملك الجواب على هذا السؤال بل أتركه عالقاً أمام الدارسين. ولعل الجواب يكمن في التعريف الدقيق لمفهوم الحداثة وعلاقته بالأنسنة، ولا سبيل هنا للولوج في هذا الموضوع.

أقبلتُ إذاً على قراءة هذه الذكريات بلذة وفضولٍ عميقين وحاولت أولاً أن أجعل الدراسة تشمل كتّاب بلاد الشام ومصر والعراق. ومن خلال دراستي السابقة عن مجلة العرفان كنت قد اطلعت على ما جرى في لبنان في إبان الحرب الأولى من ويلات، لكنني وجدت أيضاً أن تلك الويلات لم تعم البلاد بأسرها بل انحصرت في مناطق دون أخرى. وعلى سبيل المثال فالمجاعة التي حلّت بجبل لبنان لم تتكرر في الجنوب اللبناني كما أن فلسطين لم تشهد كوارث تشبه كوارث الجبل اللبناني. وفي العراق يبدو أن بغداد لم يصيبها ما أصاب الموصل من النكبات كما يبدو أن المدن الساحلية الشامية عانت من الحرب أكثر مما عانته المدن الداخلية. لذا فنحن نجد تفاوتاً في التجارب التي شهدها أصحاب هذه الذكريات. ونحن لا نملك بالطبع سوى ذكريات أُناس من طبقات اجتماعية لم تتأثر بشكل فادح بتلك الفواجع، كما أن معظم الذكريات مدينية الطابع. لكن يخيم على أصحابها في الغالب ما يشبه اليأس، والشعور بالعجز التام أمام الأحداث، والخوف من

المستقبل، والجهل العميق لأسباب ما يجري حولهم وكأنهم يعيشون وسط غيوم داكنة، فثمة الصدمة العنيفة لدى اقترابهم من هياكل الجيّاع العظمية أو غيرها من المشاهد المروّعة، والغضب العارم من مسببي تلك الويلات وعلى رأسهم جمال باشا السفاح في بلاد الشام، والمحاولات المُستميته التي بذلها بعضهم لتخفيف تلك الآلام. وكان من شأن الحرب الأولى أن أدت إلى تفتيت المنطقة بالمعنى الاجتماعي والنفسي للكلمة حيث انكمش السكان ضمن مناطقهم الضيقة فأصبح السفر محفوفاً بالصعوبات والمخاطر وأضحت تلك المناطق مكتفية ذاتياً، فتقلصت الآفاق واقتصر النظر والاهتمام على ما هو فوري وعاجل ومباشر ويومي وذلك بسبب تقلص الزمان والمكان.

بدأت بمذكرات الوالدة رحمها الله وهي بعنوان «جولة في الذكريات بين لبنان وفلسطين». كانت الوالدة كغيرها من أصحاب الذكريات تنتمي إلى أسرة لم تعاني من ويلات الحرب العالمية الأولى بشكل خطير لكن المجاعة كانت تحوم حولها باستمرار بالإضافة إلى المشاعر المذكورة أعلاه أي اليأس والعجز والخوف وإلى ما هنالك. وفي تلك الذكريات مشاهد وصور للجوع والموت عاينتها فتاة بيروتية في السابعة عشرة من عمرها، وانطبعت في ذهنها على مر الأيام. وتكتسب هذه الذكريات بعض أهميتها لكونها ذكريات كتبتها فتاة ضمن صنف أدبي سيطر عليه الرجال بشكل تام. فقد عانت تلك الفتاة ليس فقط من محيط حرب ماحقة بل أيضاً من

محيط اجتماعي خانق يجبر الفتيات على خوض معارك مستمرة لنيل أبسط الحقوق. ووصل الأمر معها إلى ذروته حين شنق جمال باشا خطيبها الشهيد عبد الغني العريسي ثم أُجبرت هي على الوقوف أمامه لتلقي خطاباً حول أعمال الإغاثة التي يجب القيام بها في زمن الحرب، وهو مشهد «سوريالي» بامتياز. لا يتسع المجال هنا لذكر كافة تلك الذكريات فهي متفاوتة في قيمتها الأدبية وفي الصراحة عن الذات، وهذه الصراحة هي على أوضح ما يكون في مذكرات الزعيم المصري سعد زغلول التي هي أشبه إلى الاعترافات الشخصية منها إلى المذكرات الاجتماعية، فهو يسجل وبأدق التفاصيل عذابات روحٍ استهوتها السياسة لكن مزّقها إدمان خطير على القمار. والحرب ليست من اهتماماته المباشرة كما أنه بالكاد يشير إلى ما كان يجري في بلاد الشام وذلك بسبب تقلص الآفاق المذكور أعلاه. ويبدو أن مصر نجت على العموم من فظائع الحرب كما نجى السودان أيضاً من تلك الويلات كما يرد في مذكرات بابكر بدري بعنوان «تاريخ حياتي». وهذه مذكرات شيقة للغاية لكن الحرب لم تكن فيها سوى حدثاً بعيداً جداً احتفل بنهايتها كلٌّ من المحتل البريطاني وأهل السودان تحت الاحتلال. أما في اليمن، كما في مذكرات عبد الواسع ابن يحيى الواسعي بعنوان «تاريخ اليمن»، فقد عانت البلاد في البدء من انقطاع وسائل الاتصال براً وبحراً لكنها سرعان ما أضحت مكتفية ذاتياً وتحسن

١٣٨

الإنتاج الزراعي، ويضيف عبد الواسع أنه لم يكن ينقصهم سوى السكر والكاز.

من الجلي إذاً أن ويلات الحرب الأولى كانت على أفدحها في مدن بلاد الشام والعراق، أما في الريف فالذكريات الريفية متفاوته في أهوالها. فذكريات جبرائيل جبور بعنوان «من أيام العمر» تصف حياة سيف البادية السورية وقرى زراعية لم تتأثر بالمجاعة، وكانت بعيدة عن أعين السلطات فسلمت محاصيلها من المصادرات، ولم يسمع الناس أخبار الحرب سوى لماماً ومن الزوار القليلين. أما المذكرات الريفية الأخرى فهي مذكرات انيس فريحة بعنوان «قبل أن أنسى» والتي تصف الحياة في قرية في الجبل اللبناني الذي كان أقرب بكثير إلى ويلات الحرب من غيره من المناطق في المشرق العربي. وهنا أيضاً نقف وجهاً لوجه أمام فظاعة الجوع وهيكل عظمي لطفلٍ اعتنت به عائلة الكاتب ريثما يفتح الميتم أبوابه. لكن القرية ذاتها نجحت في التغلب على معظم المصاعب من خلال الاستخدام الذكي للموارد، وتحويل كافة الأراضي المتاحة إلى الزراعة، والعودة إلى صناعات تقليدية كانت قد اندثرت مع الزمن فجعلتها الحرب مرغوبة من جديد. وتسجل هذه الذكريات وبالتفصيل ما كان يرد على لسان القرويين من آراء حول مسيرة الحرب المستعرة حولهم، وهي ذات قيمة للمؤرخ لدى مقارنتها مع المذكرات المدينية.

وفي المدن، وخصوصاً بيروت، نلمح من ذكريات يوسف الحكيم بعنوان «بيروت ولبنان في عهد آل عثمان» كيف أدى الجوع إلى فتور الهمة وبشكل كامل لدى الجيّاع، فلم يكلّفوا أنفسهم حتى بالتحول إلى السرقة أو إلى مهاجمة مستودعات الأطعمة بل استسلموا للأقدار وماتوا ومن حولهم بيوت العظماء والميسورين وموائدهم التي كانت تزخر بأشهى أصناف الطعام. كيف شوّهت الحرب أنماط العيش والحياة العادية؟ يأتي الجواب الساخر إلى حد ما في مذكرات خليل السكاكيني بعنوان «كذا أنا يا دنيا» الذي يصف الحرب من نافذة القدس فيقول إن من بين «حسنات» هذه الحرب أنها حملت الناس على الاقتصاد في كل شيء فاقتصر الطعام على الخبز والعنب والخضار واختفى اللحم ثم اختفت أيضاً وسائل التسلية والألبسة الفخمة. أما الخوف الذي واكب نشوب الحرب فقد انحسر وأصبح الناس لا يكترثون لشيء بل ازدادوا شجاعةً وعنفواناً. ثم ينتقل وبأسلوب ساخر أيضاً إلى عالم القراءة والكتابة ليقول إن الناس أضحت لا تقرأ سوى البرقيات فمعظم الصحف المحلية اغلقت أبوابها ومُنعت الصحف المصرية من الدخول، لذا سوف يعتاد الناس على الأسلوب التلغرافي، الأمر الذي يعزز فضيلة الاختصار والإيجاز في الكلام والكتابة، وهذا لربما هو أيضاً من «حسنات» هذه الحرب. وفي دمشق تصف «مذكرات» خالد العظم وهو من أسرة كانت موالية لآل عثمان أنه وفي سن الثالثة عشرة كان هو وأترابه قد فقدوا الثقة بالكامل

ببلاغات الدولة العثمانية العسكرية المتلاحقة والحافلة بانتصارات وهمية، الأمر الذي حمل الناس على الاعتقاد أن الحرب ستنتهي بالهزيمة. وفي العراق الذي كان أول بلد عربي يسقط في يد الحلفاء يصف سليمان فيضي في «مذكراته» سقوط البصرة وكيف غيّر هذا الاحتلال أنماط السلوك بشكل جذري وكيف برزت إلى الوجود طبقات جديدة من التجار والمتعهدين الذين توددا للمحتل طمعاً في الكسب فيما عمد المحتل إلى إبعاد كل من لم يتزلف اليهم. ومع سقوط إمبراطورية آل عثمان عند نهاية الحرب سقطت كذلك الهوية العثمانية فاصبح من الضروري إعادة صياغة هوية تلك الولايات العربية ضمن تساؤلات قد نسميها وجودية: هل نحن عرب أم مسلمون أم سوريون أم لبنانيون أم فلسطينيون أم عراقيون أم ماذا؟

لم أذكر في هذا المقام سوى البعض القليل من المذكرات التي عدت إليها عند كتابة تلك المقالة، كما لم أذكر مذكرات وذكريات الحرب العالمية الثانية التي لم تشهد من الأهوال ما شهدته الحرب الأولى، لكن لا بد من التنويه والإشادة باثنتين من هذه المذكرات التي هي في رأيي أوسعها فائدة وأعمقها فكراً، ليس فقط فيما يختص بالحرب الأولى بل لأهميتها الفائقة في كتابة تاريخ العرب الحديث: الأولى هي مذكرات رستم حيدر البعلبكي (ت.١٩٤٠م.) والثانية مذكرات محمد عزت دروزه النابلسي (ت.١٩٨٤م.). يصف رستم في بداية مذكراته رحلةً خفية قام بها مع بعض أترابه من القوميين العرب من سوريا إلى الحجاز للالتحاق بثورة الهاشميين

وعلى الأخص بالأمير فيصل. والغرابة في تلك الذكريات تبدأ منذ الصفحات الأولى إذ يصف فيها رستم ما مروا به من مناطق وقبائل في الرحلة من سوريا إلى الحجاز وصفاً قد نسمّيه «أنثروبولوجياً» لما فيه من صورٍ للعادات وأنماط العيش والتفكير والطعام والشراب وإلى ما هنالك من أمور فكأننا في حضرة عالِم اجتماعي رصين. وننتقل بسرعة إلى باريس حيث كان رستم في عداد وفد الأمير فيصل إلى مؤتمر فرساي للسلام، وما تبع ذاك المؤتمر من محادثات ومفاوضات ومؤامرات وخيانات وإخلال بالعهود ومطامع المستعمرين الإفرنسيين والبريطانيين فكأننا في بلاط أمير إيطالي من آل بورجيا مثلاً أو آل مديتشي تملؤه الإشاعات والكذب والدسائس والطعن بالظهر والاغتياب. وهنا يبرز رستم كمراقب وشاهد ثاقب النظر على الأحداث التي تدور من حوله، إذ يرى بثاقب بصيرته ما يخبئه المستقبل لأُمته العربية من تجزئة وويلات، ويرى في الوقت عينه كيف انساق فيصل تدريجياً إلى تنازل إثر تنازل، فتتمزق روحه أسىً لإيمانه من جهة بصدق فيصل وصدق عروبته وشكوكه العميقة بفهم فيصل لمغزى الأحداث من جهة أخرى. أما تحاليله السياسية لما كان يجري في أوروبا فهي تضع القضية العربية في حلبةٍ أوروبية أوسع إذ يراها رستم بمنظار شبيه بمنظار المؤرخ اليوناني ثوسيديدس المذكور أعلاه، أي بمنظار موازين القوى بين الدول العظمى، فالدول الضعيفة ما هي إلا أحجار شطرنج في لعبة الموازين هذه. ولا يتسع المجال هنا لذكر ما تحفل به هذه

المذكرات من وصفٍ حاد الذهن وبيّن الفطنة للقاءات المتتالية مع ثعالب السياسة مثل لورنس البريطاني أو كليمنصو الإفرنسي والعديد من أمثالهم، وما تحفل به من لمحات وتحليلات ثاقبة للأمور السياسية، فنحن هنا في حضرة مفكرٍ سياسي عز نظيره بين أصحاب المذكرات السياسية العربية. وقد بلغني أن بقية مذكرات رستم ما زالت مخطوطة ومخفية، وهذا الإغفال لها هو في رأيي جريمة بحق التاريخ العربي الحديث.

أما مذكرات محمد عزت دروزة بمجلداتها الست، وبعاموديها الاثنين على كل صفحة، وبسنواتها المؤرَّخة التي تقترب إلى قرن من الزمن، فهي من صنف مشابه من المذكرات. إنها سجل يومي لما مر بدروزة من أحداث فمنها السياسي ومنها الشخصي وذلك بتفصيل دقيق للغاية يكاد لا يغفل شيئاً، إذ لا يغفل كلاماً قاله أو سمعه ولا يغفل شعوراً شعر به ولا يغفل رحلة قام بها ولا يغفل وثيقة هامة مرت أمام ناظريه ولا يغفل وصف شخصية التقاها من الخاصة والعامة ولا يغفل رسالة كتبها أو تلقاها ولا يغفل خبراً قرأه في صحيفة ثم علّق عليه بإسهاب. وهذا التكثيف الشديد والشامل في الوصف يقرّب دروزة إلى القارىء فيحسبه بعد حين أحد أصدقاءه، فالمذكرات تتميز بصراحة تامة في التعبير عن الأفكار والعواطف وتضع القارىء في صلب الحدث. ولا ينبغي للقارىء أن يجفل من مجلداتها الست، إذ ما إن يبدأ المرء بقراءتها حتى تستحوذ على اهتمامه وإعجابه بالكامل. وكان دروزة قد انتمى في

شبابه إلى جمعية «العربية الفتاة» السرية أواخر العهد العثماني وكان رفاقه فيها ينتمون إلى شتى أرجاء الوطن العربي، وكانت الوحدة العربية من أهم مطالبهم بالإضافة طبعاً إلى الاستقلال. من هنا شمولية مذكراته التي تغطي أخبار كافة أقطار المشرق العربي، وأخبار شبكته الواسعة من الأصدقاء في جميع تلك الأقطار، ومن هنا أيضاً صلابة عقيدته القومية التي واكبته حتى وفاته. فقضية فلسطين بالنسبة إليه لا يمكن فصلها بتاتاً عن الأحداث في باقي الأقطار العربية، لذا نجد في مذكراته عن فلسطين والعراق وسوريا والأردن ومصر معلومات في غاية الأهمية لتاريخ تلك الأقطار لم تُستخدم بعد بما فيه الكفاية من جانب المؤرخين، وخصوصاً المحادثات الشخصية التي أجراها مع أهم السياسيين العرب والتي سجلها بأدق تفاصيلها. أما تقييمه للشخصيات التي يرد ذكرها، وهم جمّ غفير من فلسطينيين وعرب، فهو متّزن إلى أبعد الحدود ونقدي بل جارح إذا اقتضى الأمر، ومعيار التقييم السياسي والأخلاقي عنده هو أما الثبات على المبدأ أو المراوغة والعمالة للمستعمر. لكل هذه الأسباب وغيرها كثير، لن أتردد في وصف مذكرات دروزه بأنها أهم مذكرات سياسية عربية على الإطلاق في القرن العشرين.

# صور النبي في التراث الإسلامي

طلبت مني دار نشر كبرى في الغرب أن أكتب سيرة جديدة للرسول الأعظم فتهيّبت الأمر في البدء لما فيه من صعوبات جمة واقترحتُ على تلك الدار اقتراحاً مضاداً وهو أن أكتب تاريخاً لصور النبي المتعددة عبر العصور فوافقت الدار. كيف تغيرت تلك الصور من جيل إلى جيل ولماذا؟ هذا الموضوع لم يكن في رأيي قد نال ما يستحقه من اهتمام من جانب الدارسين، فكُتُب السيرة النبوية، قديمها وحديثها، تملأ الرفوف، أما الكتب التي تؤرخ لكتابة السيرة عبر العصور فعددها قليل للغاية. وهذا الصنف من التأليف ينتمي إلى التأريخ وليس إلى التاريخ، وهو صنف كنت قد مارسته من قبل في كتاب «فكرة التاريخ عند العرب» المذكور مطولاً أعلاه. وتجدر الإشارة إلى أن كتابة السير في عالمنا الحاضر وفي الآداب العالمية المختلفة باتت تتجه نحو دراسة تأريخ سيرةٍ ما لا تاريخها. وعلى سبيل المثال نجد العديد من السِيَر في هذه الأيام تحمل عناوين كمثل «اختراع سيرة فلان الفلاني» أو «صياغة سيرة فلانه الفلانية». والسبب من وراء ذلك كما يبدو لي هو أولاً

الثغرات العديدة الهامة جداً في حياة كل إنسان والتي تواجه أي كاتب للسيرة، ثم تعقيدات النفس البشرية كما تصفها مثلاً نظريات علم النفس أو روايات فترة ما بعد الحداثة. هل يمكن وضع سيرةٍ لإنسان تشمل وتوفّق بين التقلّبات والتناقضات العديدة للشخصية الإنسانية؟ وفي هذا المجال تقول الروائية البريطانية الشهيرة فرجينيا وولف ما يلي: «تُعدّ السيرة شاملةً إذا شملت ستة أو سبعة أوجهِ من شخصية إنسان ما، غير أن هذا الإنسان قد يكون له ما يزيد عن ألف وجه». ويقول الكاتب جوليان بارنز، مشبهاً كاتب السيرة بالصياد، ما يلي: «تمتلىء الشبكة بالأسماك فيسحبها إلى البر ويصنّفها ويلقي بعضها في البحر ويكدّسها ويشرّحها ويبيعها. لكن دعونا نتأمل ما لم يتمكن من صيده، إذ حجمه دوماً أكبر بكثير».

عدتُ مرغماً إلى موضوع التأريخ الذي كنت قد ودّعته في كتاب «فكرة التاريخ»، غير أن موضوع السيرة النبوية موضوعٌ لا يُقاوَم بالنسبة إلى مؤرخ الفكر الإسلامي المبكر، مهما بذل من جهد للتفلّت من اختصاصه كما حاولتُ أن أفعل من خلال التوجّه نحو التاريخ الحديث أو نحو مواضيع أدبية أخرى. وضعتُ امامي في البداية مخططاً يشمل أهم كتب السيرة في عصورها المتلاحقة. وهذه الكتب، كما ورد أعلاه وكما هو معلوم، عظيمة الحجم فلم أتمكن من الاطلاع ولا حتى على معظمها لكن «ما لا يدرك كله لا يترك جله»، فحاولت قدر الإمكان أن أنتقي منها ما كان لها تأثير واضح في عصرها، ثم أيضاً ما ارتأيت أنها جديرةٌ بالإشادة أو بنفخ

الروح فيها من جديد. وأردت أن يتناول هذا الكتاب كتابة السيرة منذ البدايات وحتى الزمن الحاضر، فالسيرة النبوية كما في رأي البعض هي سيرة «جامدة» رُسِمت خطوطها العريضة منذ زمنٍ سحيق ولم تتغير. لكن هذا الرأي لا يصمد طويلاً أمام الباحث، إذ سرعان ما يتبين له أن الأجيال المتعاقبة صاغت لأزمانها سيراً نبوية متعددة الأهداف بما يلائم تطلعات تلك الأزمنة، فأضحى لدينا تراث تاريخي غنيّ ينبغي تصنيفه إلى حقبات تاريخية أو إلى عناوين كبرى تلخّص مناحي تلك الحقبات. وحين «امتلأت شبكتي بالأسماك» عمدتُ إلى التصنيف والتمييز فوضعت للكتاب عشرة أبواب يحمل كلٌ منها عنواناً عريضاً كالآتي: «نقطة التحول» و«صاحب الشرع» و«الرواية الأساسية» و«معلم الآداب» و«نور العالم» و«المثال الصوفي» و«نبي الصلاح والتقوى» و«المثال العالمي» و«البطل» و«المحرر». وحاولت أن تكون هذه العناوين متسلسلةً زمنياً قدر الإمكان بحيث نبدأ بصور النبي في القرآن والحديث ثم ننتهي بصوره في السير المعاصرة. ولا بد من الإقرار هنا أن كتاب مؤرخ المسيحية المبكرة الشهير ياروسلاف بليكان بعنوان «يسوع عبر العصور ومكانته في تاريخ الحضارة» كان من أهم ما استلهمته من كتب في هذا المجال.

لن أسترسل في موضوع صور النبي في القرآن والحديث بل أحاول هنا رسم خطوطها العريضة فحسب. يقول لنا بعض المستشرقين المعاصرين أن القرآن ليس فيه ما يمكن ان نسميه

١٤٧

أحداثاً تاريخية واضحة الملامح أو سرداً متسلسلاً لسيرة النبي إذ لا نعرف عن سيرته شيئاً يذكر من القرآن. لكن هذا الرأي مجتزء وناقص، فالقرآن ليس بالفعل كتاباً تاريخياً بالمعنى الذي نلمحه في العهدين القديم والجديد بل هو أكثر اهتماماً بعِبَر التاريخ لا بسرده. لكن تعريف ما هو تاريخي أو غير تاريخي لا يُختصر بالسرد فقط وخصوصاً عندما يتصل الأمر بسيرة الرسول. ففي القرآن سجلٌ زاخر لما عاناه الرسول من صعوبات جمة في تبليغ رسالته وهذا السجل له أهمية تاريخية عظمى لكتابة السيرة لا يمكن تجاهله. وهذا السجل يتضمن ما قد نسميه «نقطة التحول» في السيرة النبوية والتي رسمت صورةً للمثل الأعلى للإنسان المؤمن وما قد يعانيه في سبيل إيمانه أو عقيدته. أما في الحديث الشريف فالصورة تختلف إلى حد ما إذ هي في الجوهر صورة «صاحب الشرع» الذي يبني لأمته وللعالم بنياناً قانونياً وأخلاقياً شاملاً. ثمة شخصيتان بارزتان في كتب الحديث عند أهل السنّة لهما أهمية رمزية كبرى وهما عائشة أم المؤمنين وعمر بن الخطاب. عائشة أقرب الناس إلى قلب محمد وحنانه وأحاديثه الحميمة وتسامحه، وعمر هو المؤمن الصارم الذي لا يخشى في الحق لومة لائم. فهاتان صورتان للتسامح في الدين من جهة والتشدد في الدين من جهة أخرى كما تبرزان في الحديث النبوي لتجسّدا مظهرين رئيسيّين من مظاهر الإيمان. فالحديث، وبشكل عام، يرسم صورةً للنبي كما نراه داخل أمته، معرفاً الآلاف من تلك الأمة بأسمائهم وحتى بشيء من

سيرتهم في بعض الأحيان. لكن الصورة هنا ليست تاريخية وسردية في الشكل والأسلوب، وهذا الأمر هو الذي أتمّته كتب السيرة النبوية.

نأتي الآن إلى السيرة المبكرة وما أسميته أعلاه «الرواية الأساسية» والتي أرسى قواعدها أربعة علماء أجلاء هم ابن إسحاق/ ابن هشام، والواقدي/ ابن سعد، والبلاذري والطبري. هذه السِيَر الأربعة هي التي وضعت الخطوط الأولى والعريضة للسيرة النبوية وهؤلاء الأربعة هم الآباء المؤسسون لها. وإذا كان محمد في الحديث هو المعلم الأكبر فهو في هذه السِيَر محمد في التاريخ أي قصة محمد مع أُمّته. وهذه السير لها تقريباً بنية واحدة فهي تبدأ بالمبتدأ أي بالنسب النبوي الذي يرجع إلى آدم وإبراهيم ثم يتسلسل إلى قريش وأخبارها وصولاً إلى عبد المطلب ثم أبي طالب ثم عبد الله ثم النبي فكأنها سيرة أنشأها الله وصيّرها كاملة حين خلق العالم إذ نجد حديثاً للنبي جاء فيه «كنتُ نبياً وآدم بين الروح والجسد». ثم تأتي تلك السير على مولده وطفولته وشبابه ثم تكريمه بالرسالة وسيرته المكية والمدنية مع مغازيه، وذلك في تسلسل زمني واضح. ويد الله في هذه السيرة بيّنة فهي التي ترعى صاحب الرسالة في كل حين وتمنحه نسباً خالياً من أية شائبة من جانب والديه ثم تسانده بالملائكة في أحلك الأيام. وهذه السير قد نسميها «سينمائية» الطابع فهي تلاحق «بطلها» حيثما كان بل تلاحقه حتى في المخدع، وتلاحق تقلباته الروحية والعاطفية مع ما واكبها

من أفراح وأحزان وتلاحق ما مر به من أحداث كبيرة كانت أم صغيرة. كما تقدم لنا وصفاً دقيقاً للغاية لخُلُقه وخَلْقه، لكلامه ومشيته، لنورانيته ووقاره وهيبته، لحبه للأطفال وعطفه على الضعفاء والمساكين، وإلى ما هنالك من صفات. غير أن ما يستوقفنا في هذه السير المبكرة هي أن هؤلاء «الصيّادين» الأربعة لم يرموا في البحر أي شيء صادوه، بل إن «شباكهم» مليئةٌ بكافة أنواع «الأسماك» من صحيحها وسقيمها. بكلام آخر، تتضمن هذه السير قصصاً وحوادث قد نراها اليوم، كما رآها الكثيرون من أصحاب السير في العصور اللاحقة، لا تليق بصاحب الرسالة. لا يتسع المجال هنا لذكرها بالتفصيل بل نذكر القليل منها للتدليل على المقصود. هناك مثلاً ما جاء حول زواجه بخديجة عند ابن سعد الذي يورد رواية فيها أن أبا خديجة «سُقي من الخمر حتى أخذت فيه» فقبل حينها بتزويج ابنته ثم غضب حين استفاق لأنه لم يكن راضياً عن تزويجها لمحمد، «ثم اصطلحوا فيما بعد». يعقّب الواقدي على القصة فينعتها بأنها غلط ووهم لأن الذي زوّج خديجة هو عمّها وليس ابيها الذي كان قد توفي قبل ذلك الزواج. وهناك مثلاً مداعبات عائشة له، كقولها له في أيامه الأخيرة، جواباً على تمنياته بأن تموت قبله لكي يصلي عليها، «أو كأنك تحب ذلك؟ لكأني أراك في ذلك اليوم مُعرِساً ببعض نساء». وهناك مثلاً قصة زواجه بفاطمة الكلابية فيقول البلاذري أنه «لما دنا منها قالت: أعوذ بالله منك» فطلّقها. وهناك مثلاً ما جاء في حديثه أنه ضحّى

قبل نزول الوحي بشاةٍ للعُزّة إحدى آلهة مكة، مما يوحي بأنه لم يكن خالص الإيمان منذ ولادته. وهذه الأمثلة وما على شاكلتها كثيرة في السيرة. ويبقى السؤال: لماذا الحفاظ على تلك الروايات التي أقل ما يقال فيها أنها لا تليق بالرسول الأعظم؟ لعل الجواب يكمن في نظرة أصحاب السير تلك إلى السيرة النبوية إذ رأوا فيها سيرةً فائقة الأهمّية ولا يصح أن تُستثنى منها أية رواية، مهما كان مدلولها، ولا ينبغي أن تُشذَّب بأي شكل من الأشكال بل عليها أن تضم كل ما ورد حول سيرته من صحيح الروايات وسقيمها، وكما وصلت إليهم من المخبرين. لذا فإن الأمانة في النقل هي مهمة صاحب السيرة الأساسية، أما نقد الروايات الضعيفة فيُوضع إلى جانبها في بعض الأحيان أو يُهمل تماماً في أحيان أخرى.

يأتي التشذيب لهذه السيرة المبكرة في العصور اللاحقة التي لم يرق لها ان تتضمن السيرة مثل هذه الروايات فنبذتها بالكامل أو ضعّفتها بالجملة. ثمة أولاً السير التي خطّها علماء الشيعة، والتي كان الإيمان بعصمة الرسول وعصمة عترته من الأئمة الاثني عشر أحد منطلقاتها الإيديولوجية. وهذا الإيمان يرفض كل ما جاء عن الرسول من روايات تشكّك بعصمته ولو من مكان بعيد. فهذه العصمة مكرّسة له منذ خُلقت الدنيا كما في نظرية «النور المحمدي» عند المسعودي مثلاً الذي يصف نوراً ألقاه الله في أرضه عند خلقه لها فسطع النور على محمد وعلى عترته وعَصَمَهم، وسيبقى ساطعاً حتى يوم القيامة. وكما في موضوع

العصمة كذلك في باقي أحداث السيرة، التي يمنحها كُتّاب الشيعة نوعاً من الحقيقة المطلقة التي لا نجدها عند «الآباء المؤسسين» الأربعة. ولعلي في السير الشيعية دورٌ محوري في أداء الرسالة منذ بدايتها كما أن الإمام السادس جعفر الصادق هو مصدر غالب الروايات الواردة حول السيرة، كما نرى ذلك مثلاً في كتاب «إعلام الورى بأعلام الهدى» للطبرسي (ت.١١٥٤م.) أحد أهم علماء الشيعة ومفسّريهم. فالسيرة النبوية عنده هي بمثابة المقدمة لتاريخ الإمامة وما حل بها من نكبات من جهة، وما تحمله من هدى وبشرى وأمل للمؤمنين من جهة أخرى. السيرة الشيعية إذاً هي سيرة لاهوتية الطابع، لا مكان فيها لأي شك أو التباس، وأحداثها الكبرى موثّقة بحيث لا تخضع للتساؤل أو الجدل. وتجدر الإشارة هنا إلى أهمية شعراء الشيعة كالكُميت (ت.٧٤٣م.) والسيد الحميري (ت. حوالي ٧٩٣م.) ودِعبل الخُزاعي (ت.٨٦٠م.) في إغناء السيرة وتلوين الصور التي نملكها عن النبي وعترته، هذه الأهمية التي لم يلتفت إليها مؤرخو اليوم بما فيه الكفاية. وهذه الصور بمجملها تختلف عن ما نلمحه في السير الأخرى التي توّجت سيرته بنصر مبين، أما في الشعر الشيعي فإن هذه السيرة ممزوجة بالدموع لما تبعها من نكران واضطهاد لعترته.

وتختلف الصورة النبوية حين نصل إلى كتب الأدب حيث نجد أن هذه الصورة هي صورة الأديب الذي يعلّم أمته الأخلاق الفاضلة من خلال أحاديث صيغت بنفحة أدبية واضحة وببلاغةٍ تحاكي

الإعجاز فكأنها مثال للحديث المشهور (أُعطيتُ جوامع الكَلِم). وقد لجأتُ في هذا المجال إلى أربعة من كتب الأدب الذائعة الصيت هي «عيون الأخبار» لابن قتيبة و«الكامل» للمبرد (ت.٨٩٨م.) و«العقد الفريد» لابن عبد ربه (ت.٩٤٠م.) و«محاضرات الأدباء» للراغب الأصفهاني (ت. أوائل الحادي عشر م.). هنا نجد الرسول كمُعلّم للأدب بمعناه الاوسع أي الخُلُق القويم والحكمة وطلب العلم. لذا يتضمن الحديث النبوي الأدبي مروحة واسعة من الأحاديث حول السلوك اليومي والعفة والتواضع والحكمة والفقر والغنى والبلاغة والشعر وغيرها من المواضيع، وكذلك الأخلاق التي ينبغي أن يتحلى بها المؤمن الأديب. ومن هذه الأحاديث على سبيل المثال: «ساقي القوم آخرهم شُرباً»، «إن من السُنّة أن يمشي الرجل مع ضيفه إلى باب الدار»، «أفضل العطيّة ما كان من مُعسرٍ إلى معسر»، «امتحنوا الناس بإخوانهم»، «خذوا الحكمة ولو من ألسِنة المُشركين»، «الدَّين ينقص ذا الحسب»، «لا يزال الرجل عالماً ما طلب العلم فإذا ظن أنه قد عَلِم فقد جهل»، «إن من الشِعر لَحِكمة»، «(النبي للأنصار): إنكم لتكثُرون عند الفزع وتقِلّون عند الطمع»، «لو تكاشَفتُم ما تدافَنتُم»، «فضلُ الإزار في النار»، «أوصيكم بالنساء فإنهن عندكم عَوانٍ (أي أسيرات)»، «العلم خزانة مفتاحها السؤال»، «وقِّروا من تتعلمون منه ووقّروا من تعلمونه»، «أبغضكم اليّ الثرثارون المتفقّهون المتشدّقون»، «من عَلِم علماً فكتمه ألجمه الله تعالى بلجامٍ من نار يوم القيامة»، «إتقوا

دعوة المظلوم فإنها مُجابَة»، «الودّ والعداوة يتوارثان»، «لا يحلّ لأحدٍ أن يقبّل يد آخر إلا رجلاً من أهل بيتي أو يد عالِم»، «كاد الفقر أن يكون كفراً»، «إرحموا ثلاثة، عزيز قومٍ ذُل وغني قوم افتقر وعالماً بين جُهّال»، «لا يمنعكم من معروفٍ صِغَرُه»، «زُر غُباً تزددْ حُباً»، «زِناء العين النظر»، «إن الله يبغض ابن الستين في طُرّة ابن العشرين»، «سيد القوم خادمهم»، «الحرب خدعة»، «من سكن البادية جفا، ومن اتبع الصيد لها، ومن أتى السلطان فُتن»، «(لرجلٍ أصابته رِعدة حين أتاه)» هوّن عليك فإنما أنا ابن امرأة من قريش كانت تأكل القديد»، «اللهم لا غِنىً يُطغي ولا فقراً يُنسي». وهذه الأحاديث ومثلها الكثير في كتب الأدب المختلفة لا تتوجه فقط نحو الإنسان الفرد بل لها في بعض الأحيان جوانب سياسية واضحة فهي تحث الملوك والأمراء على التواضع واتّباع العدل كما تحث العالم الأديب على تجنب صحبة الملوك والانصراف إلى طلب العلم. وإذ بدأ الأدباء بالالتفات إلى النقد الأدبي في القرن الثالث للهجرة/التاسع م. استهوتهم بشكل خاص المجازات النبوية. ومن أهم الكتب في هذا المضمار، وبهذا العنوان، كتاب الشريف الرضي (ت.١٠١٥م.) الذي انتقى ٣٧٥ حديثاً نبوياً وشرح في كل واحد منها مزاياه الأدبية المجازية. أما فيما يختص بالشعر ومكانته المحورية في الأدب فإن الصورة القاتمة للشعراء التي نجدها في القرآن ما لبث أن تبدلت تدريجياً في الحديث النبوي كما رأينا أعلاه في حديث «إن من الشعر لحِكمة» وغيره من الأحاديث التي

تجيز الشعر الذي يحث على محاسن الأخلاق. وحين نصل إلى أبي زيد القرشي (ت. أوائل القرن العاشر م.) وكتابه «جمهرة أشعار العرب» نجد ما يلي: «ولم يزل النبي يعجبه الشعر ويُمدح به فيثيب عليه ويقول: هو ديوان العرب. وفي مصداق ذلك ما حدثنا به..... قال رسول الله: إن من الشعر لحكمة وإن من البيان لسحراً». ولعل الدفاع الأدبي الأكثر حزماً عن الشعر هو في كتاب «العُمدة» لابن رشيق القيرواني (ت.١٠٢٧م.) الذي يتصدى لكل ما جاء على لسان الخصوم حول الشعر في القرآن كمثل ﴿وما علمناه الشعر وما ينبغي له﴾ و﴿الشعراء يتبعهم الغاوون﴾ وعن علاقة الرسول بالشعر، ويرى أن الرسول لم يشجب سوى الشعر البذيء.

نأتي الآن إلى صور النبي عند أهل التصوّف فنجد فيها ما لعلها أكثر الصور حميميّة وحباً للنبي في التراث الإسلامي، فهم عند أنفسهم «أولياء الله وصفوته بين بريّته» وهم في حياة النبي «أهل صُفَّته وبعد وفاته خيار أُمته» كما في كتاب «التعرّف لمذهب أهل التصوف» لأبي بكر الكلاباذي (ت.٩٩٠م.) و«الحبيب» هو أحد أسماء النبي المفضَّلة عندهم. هم إذاً أكثر الناس التصاقاً بسُنّته وسُنّته أقرب السُنن إلى سُنتهم فقد كان «يلبس الصوف ويركب الحمار ويأتي مدعاة (أي دعوة) الضعيف». ومحبة النبي نراها في إحدى أوضح صورها في كتاب «قوت القلوب» لأبي طالب المكي (ت.٩٩٦م.) الذي يقول: «فمن محبة الرسول إيثار سنته على الرأي والمعقول... وعلامة محبّيه اتّباعه ظاهراً وباطناً فمن اتباع ظاهره

أداء الفرائض... والتخلق بأخلاقه والتأدب بشمائله... والزهد في الدنيا... والحب للفقراء... ومن اتباع حاله في الباطن مقامات اليقين ومشاهدات علوم الإيمان... والتسليم والتوكل والشوق والمحبة». فالإيمان اليقيني الذي يتحلى به الأنبياء هو أسمى الغايات عند أهل التصوف والطريق إليه هو اتباع السُّنة النبوية في الظاهر والباطن، وعلامته محبة النبي. الصوفية إذاً هم «أوفر الناس حظاً في الاقتداء برسول الله وأحقهم بإحياء سُنته والتخلق بأخلاقه» كما جاء في «عوارف المعارف» لأبي حفص عمر السهروردي (ت.١٢٣٤م.). فالنبي هو الذي هدى أُمته إلى معارج التصوف وسيرته هي المثال الأعلى للصوفي الذي يجد فيها من المعاني ما لا يجده غيره، وهذا ما يرمي إليه الإمام الغزالي في «الإحياء» حين يقول: «ثم إذا قلّد (أي المؤمن) النبي في تلقي أقواله وأفعاله بالقبول فينبغي أن يكون حريصاً على فهم أسراره... وأن يكون شديد البحث عن أسرار الأعمال والأقوال». ومن بين حوادث السيرة كان أقربها إلى أهل التصوف قصة الإسراء والمعراج التي أوحت إليهم بالكثير من «الاسرار» في طريقهم إلى الله. لذا كثيراً ما نجد عند أهم كتّاب الصوفية كابي نصر السّراج (ت.٩٨٨م.) في كتاب «اللُمع» وأبي القاسم القشيري (ت.١٠٧٤م.) في «الرسالة» تأويلات وتعريفات روحية للأحاديث النبوية تكشّفت لهم في رياضاتهم ومجاهداتهم. ولعل أكثر هذه التأويلات تعقيداً وأصعبها على الفهم هي في كتب محي الدين ابن العربي (ت.١٢٤٠م.) وخصوصاً في كتابه

«الفتوحات المكية». هنا نجد محمداً قد أصبح مبدأ من مبادئ الكون وتقترن به صفات ستّة أهمها صفة «الإنسان الكامل... الذي يَمُدُّ كلَ إنسان كامل منعوت بناموس الهي أو حِكَمي»، كما أن محمد هو «صفة القرآن... فمن أراد أن يرى رسول الله ممن لم يدركه من أمته فلينظر إلى القرآن فإذا نظر فيه فلا فرق بين النظر إليه وبين النظر إلى رسول الله».

كان تاريخ العلاقة بين أهل التصوف وغيرهم من علماء المسلمين، وعلى الأخص الفقهاء، مصحوباً بتوتّرٍ شديد في بعض الأزمنة، ولا ريب أن «الشطحات» الصوفية التي مرت بنا أعلاه كانت من بين الأسباب المباشرة لذاك التوتر. ومن المرجح أن هذا التوتر أدّى بدوره إلى بروز مقاربات جديدة للسيرة ترمي إلى وضع أسسٍ ثابته لها وإلى عقلنةِ رواياتها وتنزيه صاحبها واستخلاص عِبَرها وقنونة آثارها. وقد رأينا فيما سبق محاولات في هذا المضمار عند الجاحظ وابن قتيبة وعند كتّاب الشيعة، فجاء زمن جديد ليُتمّم ما بدأه هؤلاء. ونلمح هذا الزمن الجديد أولاً في أعمال كمثل «الدين والدولة» لعلي ابن ربن الطبري (ت. حوالي ٨٦١م.) و«أعلام النبوة» لأبي حاتم الرازي (ت. حوالي ٩٣٣م.) ثم في «دلائل النبّوة» لأبي نعيم الأصبهاني (ت.١٠٣٨م.) و«إثبات نبوّات النبي» لأحمد ابن الحسين الهاروني (ت.١٠٣٠م.) و«تثبيت دلائل النبوة» للقاضي عبد الجبار. ورغم الاختلاف الكبير في الآراء والمذاهب بين هؤلاء غير أننا نرى في أعمالهم اهتماماً شديداً

بتاريخ الأنبياء ومكانة الرسول في هذا التاريخ، كما نرى اهتماماً خاصاً بتعريف دلائل النبوّة وعلى الأخص بتعريف المعجزات النبوية من مُحمّدية وغيرها. وتجدر الإشارة إلى أهمية هذه الأعمال لكل من له اهتمام بتاريخ الرسل عامةً وليس برسالة محمد فحسب.

أما السيرة النبوية ذاتها فقد دخلت هي الأخرى في عصر جديد نرى أولى ملامحه في كتاب «الشفا بتعريف حقوق المصطفى» للقاضي عِياض (ت.١١٤٩م.) حيث التوكيد ليس على الرواية ذاتها بل على ما ينبغي أن تتضمنه الرواية. وهذا يعني تنقية السيرة من كافة ما يعتريها من إثارة أو خرافة أو عجائب ومن ثم تقريب صاحبها من قلوب المؤمنين كما في النص التالي: «وحقيقة المحبة الميل إلى ما يوافق الإنسان... إما لاستلذاذه بادراكه كحب الصور الجميلة... أو بحاسة عقله...كحب الصالحين والعلماء وأهل المعروف... أو لموافقته له من جهة إحسانه له... فإذا تقرر ذلك... علمت أنه (صلعم) جامعٌ لهذه المعاني الثلاثة الموجبة للمحبة». والقاضي ينتمي إلى مدرسة من كتّاب السيرة في الأندلس منهم ابن حزم والسهيلي (ت.١١٨٥م.) ولربما أيضاً ابن سيد الناس (ت.١٣٣٤م.) وهي مدرسة تتميز بالتشدد النقدي وبتحويل السيرة إلى سجلٍ يهدي إلى السلوك القويم والأخلاق ومقاصد الشرع. فالسهيلي في «الروض الأُنُف» يضع تفسيراً مذهلاً لسيرة ابن إسحاق مبنياً على توافقٍ تام بين السيرة والقرآن مما يعني أنها سيرة قد نسميها متماسكة من حيث المنطق والاتّساق بين مغزى رواياتها

المختلفة. أما «عيون الأثر» لابن سيد الناس فنجد فيها ما يبدو لي أنها أكثر السير حداثةً من بين سِير ما قبل الحداثة. إنها سيرة سردية الطابع لكنها مُصمَّمة وكأنها بقلم مؤرخٍ معاصر لنا اليوم. فهو يبدأ بذكر المصادر ونقدها ثم يدمج ويوفّق بين السير التأسيسية المبكرة ويرفقها بآراء العلماء في زمانه هو، ويكمل عمله بلائحة للحوادث في كل سنة ثم يتبعها بملاحق حول مواضيع محددة كمعجزات النبي وأزواجه وأولاده وخدمه وإلى ما هنالك وينتهي بما قد نسميه اليوم «ببليوغرافيا» للمصادر وكيف وصلت إليه ثم بكلمةٍ يتوجه بها إلى القارىء نخالها ما قد نسميه الآن «مقدمة مختصره» أو «تمهيد» أو ما شابه.

أما المدرسة الأخرى في كتابة السيرة فهي المدرسة الدمشقية التي ازدهرت في القرن الثامن للهجرة/ الرابع عشر للميلاد. ومن أركانها الحافظ مغلطاي (ت.١٣٦١م.) وشمس الدين الذهبي (ت.١٣٤٨م.) وابن شاكر الكتبي (ت.١٣٦٣م.) وابن كثير (ت.١٣٧٣م.) وابن قيّم الجوزية (ت.١٣٥٠م.) وهو في رأيي أعظمهم شأناً. هذه السير ترمي إلى دمج السيرة بالحديث في نسيج واحد وإلى دمج السيرة بالفقه عند ابن قيم الجوزية في كتابه «زاد المعاد في هدي خير العباد». فهو يلاحق أحداث السيرة بتفاصيلها ثم يستخلص منها أحكامها الفقهية والأخلاقية المختلفة ببراعةٍ مُعجِبه. وقد نشير أيضاً إلى سيرة أخرى متأخرة عن تلك السير زمنياً وهي المسماة «إنسان العيون» والمعروفة بـ«السيرة الحلبية» لأبي

الفرج نور الدين الحلبي (ت.١٦٣١). هذه السيرة قد نسميها (تيمّناً بكتاب ابن قتيبه «تأويل مختلف الحديث») «تأويل مختلف السير» إذ يسعى مؤلفها إلى تأويل كل موضع في السيرة فيه أدنى اختلاف بين الوقائع ليبرهن عن إمكانية فهمها من خلال التوفيق بين الأضداد.

تتأرجح الصور الواردة في سِيَر ما قبل الحداثة بين التقديس والأنسنة لكن ما أن نصل إلى العصر الحديث، أي القرن التاسع عشر فصاعداً، حتى نجد أن السيرة قد أضحت إنسانية الطابع على وجه العموم. فقد دخل الاستعمار الأوروبي إلى عقر دار الإسلام ومعه المنظومة التبشيرية/ الاستشراقية، والتي كان الحط من قدر النبي أحد غاياتها. وتزامن ذلك مع بروز القوميات التي خلقت حاجة ماسة للتاريخ وأبطاله. وتفككت شبكة العلماء فلم يعد التواصل بينهم كما كان، ودخلت إلى ميدان التأليف طبقة جديدة من الحرفيين كالأطباء والمهندسين وأساتذة الجامعات والصحفيين والمحامين وغيرهم. كل ذلك كان من شأنه أن يؤسس لسيرةٍ من نوع جديد نلمحها أولاً في السير التي كتبها بالإنكليزية مسلمو الهند والتي كانت دفاعية الطابع في الغالب. وكانت أهم السير التبشيرية/ الاستشراقية التي تصدى لها هؤلاء وعملوا على دحضها هي سيرة المستشرق البريطاني السير وليام ميور بعنوان «حياة محمد» والصادرة أولاً عام ١٨٦١. وكانت إحدى الأسس التي اعتمدها ميور هي قبول كافة الروايات الواردة في السير المبكرة التي

وصفناها أعلاه بأنها لا تليق بالنبي لأنها لو لم تكن صحيحة لما بقيت في التراث على حد قوله. وصورة النبي في كتاب ميور تتعاطف إلى حد ما مع سيرته المكّية لكنها تتحامل وبشراسة على سيرته المدينية وتنتهي إلى القول أن «سيف محمد والقرآن هما ألدّ أعداء الحضارة»، وهي جملةٌ ما تزال تتردد أصدائها إلى اليوم في الخطاب اليميني الرجعي الأمريكي والأوربي وبتشجيعٍ صارخ من الاستشراق الإسرائيلي.

من أوائل من تصدوا لهذه الهجمة في القرن التاسع عشر هو الكاتب الهندي المسلم السيد أمير علي (ت.١٩٢٨م.) في كتابه بالإنكليزية بعنوان «روح الإسلام أو حياة محمد وتعاليمه» الصادر أولاً عام ١٨٩٠م. لا يكتفي الكاتب بالدحض بل يسوق الدليل أثر الدليل على عقلانية الرسالة وطابعها التقدمي وعلى الرسول المعلم ورحمته وعدله فهو الرسول «الأقرب إلى روح الحداثة من أي رسول آخر». وهذه الحداثة هي أيضاً ما يوكّد عليها المفكر الهندي الكبير محمد إقبال (ت.١٩٣٨م.) في كتابه بعنوان «إحياء الفكر الديني في الإسلام» الذي يرى أن النبوة قد وصلت إلى خواتيمها في سيرة محمد وفي الإسلام الذي مزج بين أفضل الحضارات القديمة والحديثة. فرسالة محمد هي الدواء الناجع لكافة أمراض العالم المعاصر وخصوصاً المادّية منها.

وإذا انتقلنا من الهند إلى مصر نجد عند المصلح الشهير الإمام محمد عبده (ت.١٩٠٥م) وكتابه «رسالة التوحيد» تعريفات معتزلية

وفلسفية للنبوة بوجه عام وصورة للنبي تصفه أنه مثال دائم الحضور لإحياء الفكر العقلاني والنضال ضد الخرافات والتسلط السياسي والتقليد الأعمى. وحمل تلامذة عبده أفكاره فأرسوا قواعد العديد من السير التي لا تزال إلى اليوم كثيفة الحضور وواسعة التأثير. ومهّد السبيل أمام تلك السِير المصرية المتجددة كتابان هامّان هما «الإسلام وأصول الحكم» (١٩٢٤) لعلي عبد الرازق و«في الشعر الجاهلي» (١٩٢٦) لطه حسين اللذان عكسا عقلانية عبده وجرأته في نقد الموروثات وإعادة صياغة المفاهيم التاريخية والدينية.

قد نشير في البدء إلى سيرتين الأولى بعنوان «محمد صلعم» (١٩٣٦) لتوفيق الحكيم (ت.١٩٨٧م.)، وهي في الحقيقة مسرحية، والثانية بعنوان «على هامش السيرة» (١٩٣٣) لطه حسين (ت.١٩٧٣م.) وهي على شكل رواية. لا يمتلك هذان العملان قيمة أدبية كبيرة في رأيي بقدر ما يمتلكان من أهمية تاريخية تتوجه بالسيرة نحو الحداثة. لا تتقيد هاتان السيرتان بالحوادث المألوفة للسيرة بل تعيدا صياغة حوادثها بشكل مسرحي أو روائي وبإدخال العديد من الأشخاص والحوادث التي لا ذكر لها في السيرة، سعياً إلى تحديث السيرة بما يتماشى مع أصناف الأدب التي راجت في ذلك العصر. ورغم ضحالة القيمة الأدبية لهذين العملين إلا أنهما طرحا للنقاش سؤالاً جديراً بالتأمل: كيف ينبغي أن نقدم السيرة إلى قرّاء اليوم؟

نصل هنا إلى أربعة سير صدرت في الثلاثينيات أرى أنها تمثل

إلى حد بعيد اهتمامات كتّاب السيرة في القرن العشرين ولربما إلى يومنا الحاضر. وأصحاب تلك السير الأربعة هم محمد أحمد جاد المولى (ت.١٩٤٤م.) ومحمد حسين هيكل (ت.١٩٥٦م.) ومحمد فريد وجدي (ت.١٩٥٤م.) وعباس محمود العقاد (ت.١٩٦٤م.). أولى هذه الاهتمامات هي التصدي للمستشرقين من جهة والمتزمتين والرجعيين من جهة ثانية. ثانيهما تنقية السيرة من الخرافات ثم تأويل معجزاتها على ضوء العلوم الطبيعية الحديثة التي اضحت تخيم على السيرة بشكل عريض. ثالث الاهتمامات البحث عن سجل ومنزلة محمد في التاريخ العالمي ومقارنته بسجلات أخرى وخصوصاً السجل المسيحي المتجسد بالاستعمار الأوروبي. رابع الاهتمامات هو إدخال بعض نظريات علم النفس في تأويل عبقرية محمد وشخصيته النبوية ثم الزعم أن حديثه يتضمن آخر ما توصل إليه العلم في أمور كالصحة العامة والسياسة الاجتماعية وحرية الرأي وإلى ما هنالك.

تعرضت هذه السير وأمثالها إلى هجوم عنيف وساخر من جانب الكاتب المصري المعروف حسين أحمد أمين (ت.٢٠١٤م.) في أحد فصول كتابه البارع بعنوان «دليل المسلم الحزين إلى مقتضى السلوك في القرن العشرين» (١٩٩٢). فبعد استعراض موجز لتاريخ السيرة يمدح فيه السيرة المبكرة وصراحتها التامة ويتأسف من الوهن الذي أصابها لاحقاً على أيدي من باعدنا عن إنسانية محمد وجعل من النبي شخصية عجائبية مقدسة، يصب حممه على السير

الواردة أعلاه المليئة بما يسميه «مركب النقص» تجاه الأجنبي خصوصاً في موضوع التماثل مع النظريات الأوروبية العلمية والإيديولوجية والاجتماعية. «أيها الاشتراكيون: إمامكم محمد»! إن الإنبهار بأوروبا هو الذي ادى إلى تهافت هذه السير التي تجعل من محمد بطلاً لكل إيديولوجية أوروبية جديدة ومن القرآن سبّاقاً لكل نظرية علمية جديدة. ما هي السيرة التي يتمناها حسين أحمد أمين؟ «إنها سيرة لا تدافع ولا تعتذر ولا تخجل... لا تطمس الوقائع ولا تخترعها... سيرة لا تحذف ما يسوء البعض ذكره ولا تعبأ بأن تسيء إلى البعض... سيرة تحيي حقبة تاريخية كاملة وتعيد بناء قيمها الأخلاقية... حتى تبدو شخصية النبي وأعماله واضحة في سياقها... سيرة جديرة بالواقدي والطبري لو قدر لهما أن يكتبا في يومنا هذا».

قليلة جداً هي السير المعاصرة الجديرة بالإشادة والإعجاب. لكن ثمة سيرتان لا يمكن تجاهلهما في ختام الكلام عن السيرة: الأولى بعنوان «الشخصية المحمدية: حل اللغز المقدس» للكاتب العراقي الشهير معروف الرصافي (ت.١٩٤٥م.) والثانية بعنوان «ثلاثة وعشرون عاماً» للكاتب والسياسي الإيراني علي دشتي (ت.١٩٨٢). يوجه الرصافي سهام نقده أولاً للتاريخ الذي سبّب من خلال تناقضاته ببروز فرق الإسلام المتصارعة، ويرى أن الاعتماد في السيرة ينبغي أن يكون على القرآن والعقل فقط. يرى الرصافي أن القرآن هو «كلام محمد» وأن دراسة «عقله الباطني» هي التي توضّح قضية الوحي. واستناداً إلى القرآن يجب أن نرفض كل ما

جاء في السيرة حول معجزاته. محمد في نظر الرصافي هو إنسان خارق الذكاء والخيال لكن ما حققه من إنجازات يبقى ضمن القدرة الإنسانية. ينتمي الرصافي إلى تراث من الفكر المتحرر الذي نجده مثلاً عند أبي بكر الرازي ثم لاحقاً عند أمثال أحمد فارس الشدياق في القرن التاسع عشر، وكل من يتصدى لكتابة السيرة في يومنا الحاضر عليه أن يتفاعل بجد وتجرد مع سيرة الرصافي ويتأمل حججها ويوضح موقفه منها. أما سيرة علي دشتي ففيها الكثير من أوجه الشبه مع سيرة الرصافي لكنها تمتاز بطرحها المتواصل للأسئلة على أنواعها. هل يمكن أن نقبل معجزات الرسول كما ترد في السيرة مع وجود نفي صريح لمعجزاته في القرآن؟ هل كان محمد معصوماً بالفعل كما عند بعض فرق الإسلام والقرآن يُنبئنا بضعفه وعجزه الإنساني في العديد من آياته؟ هل كان يحب النساء؟ بدون شك بل كان حبه في بعض الأحيان جارفاً. هل كان قاسياً جداً في بعض أحكامه؟ نعم في يوم بني قريظه مثلاً. ويرى دشتي كما الرصافي أن الرسول كان باستمرار على «تواصلٍ سيكولوجي» مع القرآن ويصف هذا التواصل بأنه «بلاغة نبوية» كما يرى أن «العقل الباطني للرسول» يتماهى مع الوحي. لذا ينبغي أن ننبذ عن السيرة كافة ما شابها من خرافات وعندها فقط نصل إلى صورة للرسول تبرز إنسانيته وعبقريته على أكمل وجه.

# خاتمة

هذه إذاً بعض الكتب التي سعدتُ في التعرف إليها خلال حياة أكاديمية طويلة والتي حفرت في الذهن أخاديد ما زلت أتحسسها إلى اليوم وأرى انها جديرة بالتعريف والتنويه. ففي هذه الأعمال من النظريات ما ينبغي لنا أن نتفاعل معها فنفهمها من جديد ونستخلص منها ما لا يزال جديراً بالتأمل والنقد والاستجواب والتفريغ في صيغ حديثة. وقد اتبعت في عرض هذه الأعمال أسلوب السيرة الذاتية التي رأيتها أقرب إلى التشخيص والحميمية ولعلها بذا قد تكون أقرب إلى القبول من جانب القرّاء. لكن سعادتي لن تكتمل سوى حين أرى غيري من الأكاديميين العرب الذين وصلوا مثلي إلى سن التقاعد قد سلكوا الطريق ذاته، وكتبوا لنا ما مر بهم من كتب جديرة بالاعتبار والإحياء فنقف على تراث أراه اليوم مهدداً بالإهمال والجهل والنسيان والأُمّية الأدبية واللغوية.

## الفهرس

| | |
|---|---|
| إلى القراء | ٥ |
| مقدمة | ٩ |
| المكان: القدس. الزمان: حوالي العام ١٩٤٣ | ١١ |
| الهجرة | ١٥ |
| في إنكلترا | ١٩ |
| في الجامعة الأميركية في بيروت | ٢٧ |
| في جامعة شيكاغو | ٥١ |
| العودة إلى الجامعة | ٦٩ |
| بدايات النشر | ٧٥ |
| مقالات متنوعة | ٨٧ |
| السيد المسيح في التراث العربي الإسلامي | ١٠٥ |
| فكرة التاريخ عند العرب | ١٠٩ |
| ابن خلدون | ١٢٥ |
| عودة إلى التاريخ الحديث: المذكرات | ١٣٥ |
| صور النبي في التراث الإسلامي | ١٤٥ |
| خاتمة | ١٦٧ |